Finanz-Petits-Fours

Constanze Hintze

Finanz-Petits-Fours

So erreichen (nicht nur) Frauen Wohlstand und finanzielle Freiheit

Constanze Hintze
Finanzdienstleistungen für Frauen
Svea Kuschel + Kolleginnen
München, Deutschland

ISBN 978-3-658-26406-2   ISBN 978-3-658-26407-9 (eBook)
https://doi.org/10.1007/978-3-658-26407-9

Die Deutsche Nationalbibliothek verzeichnet diese Publikation in der Deutschen Nationalbibliografie; detaillierte bibliografische Daten sind im Internet über http://dnb.d-nb.de abrufbar.

© Springer Fachmedien Wiesbaden GmbH, ein Teil von Springer Nature 2019
Das Werk einschließlich aller seiner Teile ist urheberrechtlich geschützt. Jede Verwertung, die nicht ausdrücklich vom Urheberrechtsgesetz zugelassen ist, bedarf der vorherigen Zustimmung des Verlags. Das gilt insbesondere für Vervielfältigungen, Bearbeitungen, Übersetzungen, Mikroverfilmungen und die Einspeicherung und Verarbeitung in elektronischen Systemen.
Die Wiedergabe von allgemein beschreibenden Bezeichnungen, Marken, Unternehmensnamen etc. in diesem Werk bedeutet nicht, dass diese frei durch jedermann benutzt werden dürfen. Die Berechtigung zur Benutzung unterliegt, auch ohne gesonderten Hinweis hierzu, den Regeln des Markenrechts. Die Rechte des jeweiligen Zeicheninhabers sind zu beachten.
Der Verlag, die Autoren und die Herausgeber gehen davon aus, dass die Angaben und Informationen in diesem Werk zum Zeitpunkt der Veröffentlichung vollständig und korrekt sind. Weder der Verlag, noch die Autoren oder die Herausgeber übernehmen, ausdrücklich oder implizit, Gewähr für den Inhalt des Werkes, etwaige Fehler oder Äußerungen. Der Verlag bleibt im Hinblick auf geografische Zuordnungen und Gebietsbezeichnungen in veröffentlichten Karten und Institutionsadressen neutral.

Springer ist ein Imprint der eingetragenen Gesellschaft Springer Fachmedien Wiesbaden GmbH und ist ein Teil von Springer Nature.
Die Anschrift der Gesellschaft ist: Abraham-Lincoln-Str. 46, 65189 Wiesbaden, Germany

Geleitwort

In kleinen Häppchen mit gehaltvollem Inhalt befasst sich Constanze Hintze mit einem Thema, das für Frauen lebenswichtig ist, aber für sie bis heute nicht die höchste Priorität genießt – noch nicht. Es geht ums Geld, um Geldanlagen, um Altersvorsorge und um Vermögensentwicklung. Wohlgemerkt der Frauen!

Dieses nur auf den ersten Blick trockene, weil zahlenbasierte und zahlenfixierte Thema, präsentiert die Autorin kompetent, sehr ansprechend, gespickt mit vielen Informationen und garniert mit konkreten Vorschlägen. So macht Lesen Spaß und bringt einen Mehrwert.

Vor allem macht die Autorin Frauen Mut, sich um ihre finanzielle Unabhängigkeit zu kümmern. Die rechtliche Gleichberechtigung zu leben, Chancen zu nutzen und uneingeschränkt gesellschaftliche Teilhabe wahrzunehmen, hängen ganz entscheidend von der privaten Vermögenssituation ab. Bietet sie eine gewisse Absicherung, schafft das größere Entscheidungsspielräume und erleichtert es

Frauen, Beruf, Familie, Freizeit und gesellschaftliches Engagement unter einen Hut zu bringen. Denn reden kann man leicht von der viel beschworenen Vereinbarkeit, sie umzusetzen wird nicht selten durch die Realität behindert.

Es geht besonders um Selbstbestimmung und Entfaltung, die durch finanzielle Unabhängigkeit erleichtert wird. Verantwortung für sich selbst und für die Familie, den Partner und Enkel zu übernehmen, macht zufrieden und trägt entscheidend zu einem erfüllten Leben bei. Außerdem erspart die rechtzeitige und langfristige Vorsorge Sorgen und Ängste. Es geht um die Absicherung im Alter, denn Altersarmut ist trotz zahlreicher Rentenreparaturen in den letzten Jahren häufig weiblich. Und es geht um die Gefahr des Verlustes des bisherigen Lebensstandards im Alter. Diese Sorge treibt viele Menschen um.

Die Autorin zeigt auf, dass es bei Geldanlagen, bei Aktienkäufen und Fondsbeteiligungen nicht nur um die großen Vermögen geht, sondern dass auch mit geringeren finanziellen Ressourcen auf vielfältige Weise langfristig vorgesorgt werden kann und welche Möglichkeiten es – zugeschnitten auf die persönliche Lebenssituation – gibt. Sie räumt überzeugend mit den gängigen Vorbehalten – wie „das kommt doch für mich nicht in Betracht", „das ist alles viel zu riskant", „das lohnt sich doch nicht" – auf und macht neugierig, sich mit den eigenen finanziellen Perspektiven in den nächsten Jahren und Jahrzehnten intensiver zu beschäftigen. Je früher, umso besser. Denn kurz vor dem Rentenalter ist es zu spät, sich zur gesetzlichen Rente oder Betriebsrente eine zusätzliche Altersversorgung aufzubauen. Die Autorin verschafft den Lesern auch einen realistischen Blick auf die verschiedenen Formen der Geldanlage und klärt über deren Vor- und Nachteile im jeweiligen Kontext auf. Aktienanlagen sind bisher nicht die erste Wahl für Frauen. Auch wenn die Zahl der Aktionärinnen langsam ansteigt, liegen sie noch weiter hinter den Männern zurück.

Constanze Hintze weiß, wovon sie spricht. Ihre langjährige Berufserfahrung als Vermögensberaterin besonders von Frauen begründet ihre Glaubwürdigkeit, überzeugende Analysen und Einschätzungen der nationalen und globalen Finanzsituation vorzunehmen. Mit ihrer Expertise können Frauen leichter und verantwortungsvoll wichtige Weichenstellungen für ihre finanzielle Unabhängigkeit im Alter vornehmen.

Das Buch vermittelt praktisches Finanzwissen sowohl für erfahrene Anlegerinnen als auch Newcomern einen guten Einstieg. Nutzen Sie ihn und gehen dann den nächsten Schritt. Ich empfehle die Lektüre aus Überzeugung.

Sabine Leutheusser-Schnarrenberger
Bundesjustizministerin a. D.

Vorwort

Frauen, die wissen was sie wollen
Vermutlich werden Sie meiner Beobachtung zustimmen, dass sich die Finanzwelt und mit ihr die Geldanlage-Entscheidungen in den letzten Jahren massiv verändert haben.

Wir leben in einer aufregenden Zeit, die sich noch dazu in einem rasanten Tempo weiterentwickelt. Die Globalisierung und Digitalisierung haben jeden Winkel der Finanzwelt erreicht. Wir erleben, wie alte Grundsätze zunehmend an Bedeutung verlieren und das Vertrauen in Institutionen schwindet. Seit es keine Zinsen mehr gibt und Aktien diesen Platz einnehmen sollen, kommen nun Anleger mit einer chancenorientierten Anlageklasse in Berührung, die das ursprünglich vielleicht gar nicht vorhatten. Hier sind Information, Orientierung und Motivation die bessere Lösung, als immer nur die fehlende Aktienkultur der Deutschen zu bejammern.

Mit den alten Rezepten sind die neuen Herausforderungen schlussendlich nicht zu bewältigen. Jede Frau, die mehr aus ihrem Geld machen möchte, braucht heute andere Antworten als noch vor 10, 20 Jahren. Und weil es auch nicht „die Frau" oder „den Anleger" gibt, bedarf es individueller Strategien.

Ich erinnere mich noch gut an die Zeit, als Svea Kuschel das erste Finanzdienstleistungsunternehmen für Frauen gründete, das ich heute verantworte und mit großer Freude führe. In einer Branche, die absolut männerdominiert war (und noch ist) und Start-ups von Frauen noch ein Fremdwort war, hob sich ihr fokussierter und erfrischend moderner Ansatz sichtbar ab. Die meistgestellte Frage damals war, ob Frauen denn wirklich eine andere Beratung als Männer brauchen. Heute, 2019, stellt diese Frage niemand mehr. Warum auch? Die spezielle Beratung von Frauen für Frauen ist längst etabliert (auch wenn manches Angebot mehr einer Marketingoffensive gleicht) und ihr Bedarf unverändert groß. Dem Grundgedanken der *Kompetenten Finanzberatung von Frauen für Frauen* sind mein Team und ich stets treu geblieben. Wir bewegen uns mit unseren Kundinnen auf vertrautem Boden, denn schließlich leben wir selbst ein Frauenleben.

Damals reifte bei vielen Frauen die Erkenntnis, dass die Ehe keine Versorgung auf Lebenszeit ist und die Deutsche Rentenversicherung ihr Versprechen auf die sichere Altersvorsorge kaum einlösen kann. Sie begannen eigenständig Vorkehrungen zu treffen, um im Alter finanziell abgesichert zu sein. Das ist lange her und der Erkenntnis ist die Gewissheit gewichen. Immer mehr Frauen gehen seither aktiv ihre eigene Finanzplanung an, auch wenn die Nicht-Kümmerer leider noch in der Überzahl sind. Frauen verdienen mehr und besitzen auch größere Vermögen als noch vor 30 Jahren, setzen aber nach wie vor andere Prioritäten.

Gehen Sie Ihren eigenen Weg! Folgen Sie den Leuchtfeuern und meiden Sie die Irrlichter, die Ihnen den schnellen Reichtum versprechen. Erreichbar sind stattdessen Wohlstand und finanzielle Unabhängigkeit – und das Schöne ist: Sie haben (fast) alles selbst in der Hand.

Mein dritter Finanzratgeber möchte Sie auf diesem Weg unterstützen. Der Titel *Finanz-Petits-Fours* mag da auf anachronistische Weise die Beschaulichkeit französischer Patisserien heraufbeschwören. Vielleicht ist aber genau das der richtige Weg: sich mit Ruhe und Bedacht, häppchenweise und in kompetenter Begleitung den wichtigen Fragen Ihrer Vermögensanlage und Altersvorsorge zu widmen. Die *Finanz-Petits-Fours* sind übersichtlich strukturiert und prall gefüllt mit aktuellem Finanz-Know-how. Sie erfüllen die Ansprüche fortgeschrittener Anlegerinnen, sind aber für Erstanleger ebenso gut verständlich.

Lassen Sie sich inspirieren und legen Sie los! Erweitern Sie Ihr Wissen und lernen Sie die Möglichkeiten und Instrumente kennen, mehr aus Ihrem Geld zu machen. Denn Vermögen bedeutet Unabhängigkeit.

Constanze Hintze

Danksagung

Ich danke meinem Team von Svea Kuschel+Kolleginnen, insbesondere Geneviève Boehmer und Evelyn Pickard, für den fachlichen Input und die wertvollen Anregungen. Ferner Catarina Gomes de Almeida und Anna Pietras vom Springer Verlag für ihre Begleitung und ihre Geduld. Und mein besonderer Dank gilt Sabine Leutheusser-Schnarrenberger, die in jeder Hinsicht ein Vorbild für Frauen ist.

Einleitende Hinweise

Genderhinweis
Zugunsten einer besseren Lesbarkeit habe ich in vielen Textpassagen auf die gleichzeitige Verwendung männlicher und weiblicher Sprachformen wie zum Beispiel Anleger/Anlegerin verzichtet und stattdessen meistens die generisch männliche Form gewählt. Alle Geschlechter sind damit angesprochen.

Haftungsausschluss
Dieses Sachbuch dient ausschließlich Informationszwecken und ist weder eine Empfehlung einer konkreten Anlage oder Anlagestrategie noch stellt es eine Anlageberatung dar. Verlag und Autorin haften nicht für die Richtigkeit oder Vollständigkeit von Informationen, die aus externen Quellen stammen. Sämtliche Informationen sind nur zur Verbreitung in Deutschland bestimmt. Die Vermögensanlage an den Kapitalmärkten ist mit Risiken verbunden und kann zum Verlust des eingesetzten Kapitals führen. Die Wertentwicklung in der Vergangenheit ist

kein Indikator für die Wertentwicklung in der Zukunft. Auch Prognosen haben keine verlässliche Aussagekraft für künftige Wertentwicklungen. Eine Haftung für Schäden, die aus der Befolgung der in diesem Buch gegebenen Hinweise resultieren, wird nicht übernommen. Die Aussagen in diesem Buch spiegeln die persönliche Sichtweise der Autorin wider. Vorsorglich weisen wir darauf hin, dass sich Interessenkonflikte sich bei einer Autorin, die aktiv in der Finanz- und Vermögensberatung tätig ist, nicht immer ausschließen lassen. Verlag und Autorin erbringen keine Anlage-, Rechts- und Steuerberatung.

Inhaltsverzeichnis

1 Ladys first! Nehmen Sie die Verantwortung für sich in die eigenen Hände ... 1

2 Das Schwierigste am Sparen ist das Sparen ... 7

3 Finanz-Petits-Fours: Kreieren Sie ihre eigene Vermögensbiografie ... 13
   3.1 Mit 20 – Arbeitskraft absichern und nichts überstürzen ... 13
   3.2 Mit 30 – Sparen beschleunigen und Zulagen mitnehmen ... 15
   3.3 Mit 40 – Rush-Hour der Vermögensbildung ... 17
   3.4 Mit 50 – Überblick verschaffen und Vorsorgelücken schließen ... 18

3.5		Mit 60 – Vermögenssicherung hat Priorität	20
3.6		Mit 70 – Kapitalverzehr und Vermögensübertragungen	21
4		**Die junge Familie – was die Generation Y besser macht als ihre Mütter**	**23**
4.1		Raus aus der Zwickmühle! Junge Mütter befinden sich im Kind-Karriere-Konflikt	26
4.2		Vollzeitmutter, Teilzeitmutter oder doch ganz zurück ins Business?	27
4.3		Finanz-Regeln für Paare: Tipps zur fairen Geldverteilung zwischen Mann und Frau	29
	4.3.1	Elternzeit und Elterngeld für beide	30
	4.3.2	Tappen Sie nicht in die Splittingfalle!	30
	4.3.3	Machen Sie ihren Mann zum Partner ihrer Altersvorsorge	33
	4.3.4	Ehevertrag	34
5		**Mein Geld ist dein Geld? Nur wer vorsorgt, zahlt bei Scheidung nicht drauf**	**35**
5.1		Unterhalt	37
5.2		Zugewinn- und Versorgungsausgleich	39
5.3		Schatz, lass uns reden: Vertragliche Gestaltungsmöglichkeiten vermeiden den Rosenkrieg	40
5.4		Neue Partnerschaftsmodelle	42

Inhaltsverzeichnis XIX

6 Aktien: Der Weg zum Wohlstand führt über die Börse — 45
6.1 Wir haben es nicht so mit Aktien — 46
6.2 Eine Welt ohne Zinsen – vorstellbar? — 50
6.3 Was passiert auf dem Marktplatz Börse? — 54
    6.3.1 Makro – die Welt in der wir leben — 55
    6.3.2 Value – die Unternehmensfakten — 56
    6.3.3 Sentiment – die Stimmung — 57
6.4 Das Risiko oder die Illusion, dass man nur in den Markt investieren muss — 59
6.5 Streuung, aber richtig — 62
6.6 Aktives Management schlägt passives Investieren — 64
6.7 Selfmade? Populäre Fehler bei der Aktienauswahl — 67

7 Megatrends verändern die Welt – und auch Ihre Vermögensanlage — 71

8 Die Zukunft der Geldanlage ist nachhaltig — 79
8.1 Nachhaltig ist mehr als grün — 80
8.2 Unternehmen: wer Nachhaltigkeit ignoriert, verliert — 81
8.3 Tickende Zeitbombe für konventionelle Portfolios — 83
8.4 Die ökonomische Dimension der Nachhaltigkeit für den Anleger — 85
8.5 Woran man nachhaltige Anlageprodukte erkennt — 86
8.6 „Fifty shades of green": Nachhaltige Geldanlage hat viele Seiten — 90

9 „Der steht mir gut": Wie Sie den Fonds finden, der zu Ihnen passt ... 93
- 9.1 Anlagestrategie: Produktklarheit ist gleich Produktwahrheit? ... 94
- 9.2 Historische Performance: Rendite im Rückspiegel ... 94
- 9.3 Fondsvolumen: Groß ist nicht immer gut ... 95
- 9.4 Management: Der Blick in den Maschinenraum ... 96
- 9.5 Ratings: Der Blick in die Sterne ... 96
- 9.6 Kosten: Gute Leistungen sind nicht kostenfrei erhältlich ... 97
- 9.7 Stil, Nische, Region oder ein bestimmtes Thema: Was Ihnen am Herzen liegt ... 98
- 9.8 Die Kurse sind auf dem Alltime-High – ist der Einstiegszeitpunkt verpasst? ... 99
- 9.9 Investmentsparplan: Aus Zeit wird Geld ... 100

10 Und wozu rät ihr Anlageroboter? ... 103
- 10.1 Möchte ich mein Vermögen komplett einem Roboter anvertrauen? ... 105
- 10.2 Robo Advisors sind ihren Erfolg noch schuldig ... 106

11 Altersvorsorge in Deutschland: Gut, aber nicht gut genug ... 109
- 11.1 Gesetzliche Rentenversicherung: „Altersvorsorge light" ... 111
- 11.2 Der Generationenvertrag wankt ... 113

11.3	Wie lautet Plan B für die Rentenversicherung?	114
11.4	Berufsständische Versorgung: Niedrigzinsen und demografischer Wandel belasten auch die Versorgungswerke	115
11.5	Die Sorge vor der Altersarmut macht sich breit	116
11.6	Kennen Sie Ihre Vorsorgelücke?	117

12 Lohnt sich die private Lebens- oder Rentenversicherung (noch)? 119

12.1	Die wichtigsten Vorsorgemodelle aus der Versicherungswelt im Überblick	120
12.2	Wie wird das Geld in der Versicherung angelegt?	122
12.2.1	Garantiezinsverträge	123
12.2.2	Die neuen Klassiker mit Geld-zurück-Garantie	125
12.2.3	Fondspolicen	127
12.3	Renditemaximierung oder Absicherung des langen Lebens – warum ich Rentenversicherungen richtig (gut) finde	128
12.4	Altverträge, Neuverträge – was hat es damit auf sich?	129
12.5	Die lebenslange Privatrente hat den Steuerbonus	131
12.6	Rürup-Rente – die Altersvorsorge für die Selbstständigen	132
12.7	10 Fragen rund um die Lebensversicherung	135

13 Der stille Star der Altersvorsorge: die Riester-Rente — 143
13.1 Zulagen und Steuervorteile: Die Förderung macht Riestern so attraktiv — 144
13.2 Das Produktangebot ist vielfältig, Unterschiede gibt es aber vor allem bei der Rente — 148
13.3 Riester ist ein Frauenprodukt — 150
13.4 Fünf vor Zwölf: Die Riester-Rente muss besser werden — 151

14 Damit die Immobilie nicht zur Last wird — 153

15 Rente statt Gehalt: die betriebliche Altersvorsorge rechnet sich — 157
15.1 Hohe Einkommen profitieren, Geringverdiener aber auch — 161
15.2 Sie sind Top-Managerin? Vorständin? Oder Gesellschafter-Geschäftsführerin? — 163
15.3 Sie sind Chefin und haben ein Team? — 164
15.4 Und der Haken? Wo die betriebliche Altersvorsorge noch besser werden kann — 164

16 Gute Beratung macht sich bezahlt — 169

Literatur — 175

Über die Autorin

Constanze Hintze ist Geschäftsführerin von Svea Kuschel + Kolleginnen, Vermögensanlageexpertin, Buchautorin und gesuchte Expertin in den Finanzmedien. Nach ihrer Ausbildung zur Bankkauffrau bei der Dresdner Bank Berlin und beruflichen Stationen bei der Münchner HypoVereinsbank und dem bankenunabhängigen Asset-Manager PEH Wertpapier AG in Frankfurt, übernahm sie 2005 die Leitung von Svea Kuschel. Sie und Ihr Team beraten vor allem Frauen bei ihrer Vermögensanlage und Altersvorsorge. Sie ist im internationalen Frauennetzwerk ZONTA engagiert und hat einen Sohn.

Weitere Informationen finden Sie im Internet unter www.svea-kuschel.de.

ved # 1

Ladys first! Nehmen Sie die Verantwortung für sich in die eigenen Hände

Zusammenfassung Der erste Schritt zur Ihrer finanziellen Unabhängigkeit ist die Erkenntnis, dass es nur einen Menschen gibt, der für Sie zuständig ist: Sie selbst! Übernehmen Sie diese Verantwortung – und halten es auch sonst wie Aenne Burda (1909–2005; deutsche Verlegerin. Die „Königin der Kleider" baute mit Burda-Moden einen der größten deutschen Zeitschriftenverlage auf): „Man kann meist viel mehr tun, als man sich gemeinhin zutraut." Denn es nützt ja nichts: Altersvorsorge und Vermögensplanung betrifft jeden. Hier kommt in 10 Schritten Ihre Wegbeschreibung zum Wohlstand.

1. **Keine Ausreden mehr**
   Es gibt viele Gründe, die **gegen** Altersvorsorge sprechen: zu teuer, zu kompliziert, die eine plant eine berufliche Neuorientierung, die andere hat gerade „den Kopf nicht frei". Mal sind andere Ausgaben

wichtiger, ein anderes Mal stehen gerade keine freien Mittel zur Verfügung. Und außerdem wüsste man ohnehin nicht, wie sich das Leben so entwickelt. Das ist alles richtig. Dennoch riskiert wer so denkt und handelt, seinen Lebensstandard. Dabei gibt es viele Gründe, die **für** die Altersvorsorge sprechen: Sicherheit, Zufriedenheit und finanzielle Unabhängigkeit.

2. **Je früher, desto besser**
Auch wenn es derzeit keine Zinsen und folglich keinen Zinseszinseffekt gibt: Starten Sie frühzeitig mit dem Sparen. Denn je später Sie mit der Altersvorsorge beginnen, desto mehr müssen Sie auf die Seite legen, um spätere Rentenlücken zu schließen. Der Staat unterstützt auf vielen Wegen die private Altersvorsorge: über betriebliche Modelle, über die Basisrente (Rürup-Rente) und natürlich die Riester-Rente, die für Mütter besonders interessant ist. Lassen Sie sich die Förderungen nicht entgehen!

3. **Sichern Sie ihre Arbeitskraft ab**
Vermögen und Altersvorsorge kann nur der aufbauen, der aktiv im Berufsleben steht und ein eigenes Einkommen erzielt. Sichern Sie dieses mit einer Berufsunfähigkeitsvorsorge ab. Diese zahlt eine Rente, wenn Sie dauerhaft krank oder nur eingeschränkt arbeiten können. Bildung und Weiterbildung, aber auch Achtsamkeit und die eigene Gesundheit sind gleichfalls ernstzunehmende Maßnahmen, mit denen Sie sich fit halten.

4. **Unterschätzen Sie nicht Ihren Bedarf im Alter**
Wie alt wir werden, weiß keiner. Dank besserer Gesundheitsfürsorge und des medizinischen Fortschritts dürfen wir uns aber auf ein langes Leben freuen – mit jedem Jahr steigt unsere Lebenserwartung. Klicken Sie mal auf www.7jahrelaenger.de – sie werden überrascht

sein. Und das bedeutet: wir brauchen sehr viel Geld, um dieses Leben zu finanzieren.
5. **Investieren Sie in Aktien!**
Altersvorsorge und Aktien gehören zusammen, denn bei beiden geht es um einen langen Anlagezeitraum. Aktien sind hinsichtlich ihrer Rendite allen anderen liquiden Anlageformen überlegen. Trotz Crash und Finanzkrisen. Wer mit vermeintlich sicheren Geldanlagen Vermögensaufbau betreiben möchte, landet rasch in der Sackgasse, denn seit Jahren gibt es keine Zinsen mehr. Viel wird sich daran auch in der Zukunft nicht ändern. Fazit: Mehr Mut macht sich langfristig für Sie bezahlt.
6. **Verdienen Sie, was Sie verdienen?**
Die Gender Pay Gap, die Lohnlücke zwischen Frauen und Männern, hat in Summe wenig mit echter Diskriminierung zu tun. Vielmehr schlagen Fehlzeiten (Teilzeit, Elternzeit), geringere Erwerbszeiten sowie die Berufswahl zu Buche. Viele Frauen fühlen sich zu Berufen hingezogen, die zwar gesellschaftliche und persönliche Anerkennung versprechen, aber weniger gut dotiert sind. Es ist leider (noch) so, dass beispielsweise in der Tiermedizin, im Gesundheits- und Erziehungswesen die Einkommensperspektive eher bescheiden ist. Trotzdem sehen viele Frauen darin ihre Berufung.
Warten Sie nicht, bis die Politik, Tarifpartner und andere die Rahmenbedingungen ändern, gehen Sie stattdessen in die Offensive. Konzentrieren Sie sich auf Ihre Ziele und was Sie in Ihrem Job erreichen wollen: Rücken Sie sich und Ihr Können ins rechte Licht und trauen Sie sich auch in Gehaltsverhandlungen mehr zu. Pflegen Sie Ihr Netzwerk, suchen Sie sich eine Mentorin oder ein persönliches Coaching.
7. **Familie heißt nicht gleich Familienpause …**
Familienzeiten reißen Lücken in die Rentenbiografie und die Vermögensbilanz. Damit diese sich nicht ausweiten,

ist eine schnelle Rückkehr in den Beruf unabdinglich. Doch anscheinend glauben die Deutschen – Männer und Frauen gleichermaßen –, dass Mütter von kleinen Kindern zu Hause bleiben sollten. Nur jeder 5. Westdeutsche findet es gut, wenn Mütter mit Schulkindern Vollzeit arbeiten. In den neuen Bundesländern, wo die berufstätige Mutter seit jeher der Normalfall ist, sind es 56 %. Und in Dänemark finden es 76 % völlig normal, dass Frauen mit Kindern weiterhin ihrer beruflichen Tätigkeit nachgehen. Denken wir, wir sind unersetzlich in der Erziehung und Betreuung unserer Kinder? Oder flüchten wir uns in die Nostalgie eines heilen Familienlebens? Woher kommt diese antiquierte Haltung?
8. **… und Familienpause heißt nicht gleich Zahlpause**
Wer sich dennoch für die Familie entscheidet, muss sich vor finanziellen Gefahren schützen. Ein Ehe- und Partnerschaftsvertrag spielt dabei eine wichtige Rolle. Behalten Sie ein eigenes Bankkonto und eigene Vorsorgeverträge bei. Bevor sie diese unterbrechen, reduzieren Sie lieber die Beiträge. Am besten ist aber, ihr Partner übernimmt diese Zahlungen komplett. Mehr dazu im Kap. 4 *„Die junge Familie – was die Generation Y besser macht als ihre Mütter"*.
9. **Entwickeln Sie Ihre Vermögensstrategie**
… und bleiben Sie ihr treu. Wer immer sein Konzept über den Haufen wirft, neue Verträge abschließt, alte unterbricht, erzeugt meist nur Kosten und wenig Mehrwert. Das heißt nicht, dass Anlagestrategien nicht regelmäßig überprüft und an veränderte Rahmenbedingungen angepasst werden sollten. Zu diesen zählen vor allem Veränderungen in Ihrem persönlichen Umfeld (Beruf, Familie) aber auch die Finanzmärkte und die Steuergesetzgebung.

10. **Kein Grund für Verzagtheit und Zukunftsangst!**
Wer sucht, findet in jeder Suppe ein Haar. Während von außen unser Land wie eine „Insel der Glückseligen" wahrgenommen wird, fühlen sich viele Frauen und Männer überfordert. Globalisierung, Digitalisierung und das Tempo der Veränderungen beeinflussen nicht nur unsere Arbeitswelt, sie wirken auf unser gesamtes Leben. Positive Errungenschaften können dabei gern übersehen werden. „Die Welt ist gar nicht so schlecht", resümierte am 20.01.2019 die Frankfurter Allgemeine Sonntagszeitung (www.faz.net). Lesenswert! Deshalb ist es Zeit für eine neue Haltung – und für eine neue Sicht auf die Dinge. Lassen Sie uns mutig und zuversichtlich in die Zukunft schauen! Optimismus ist eine Quelle, die unerschöpflich ist.

2

Das Schwierigste am Sparen ist das Sparen

Zusammenfassung Machen wir uns nichts vor: Sparen hat keinen Spaßfaktor. Mit Sparen verbinden die meisten von uns Entbehrungen und Einschränkungen. Wer spart, macht das meist nicht freiwillig und selten mit Begeisterung. Viele Frauen schieben das Thema gern vor sich her oder gehen es nur halbherzig an. Wie Sparen trotzdem gut gelingen kann, erfahren Sie hier.

Die gute Nachricht: Sie sind nicht allein. Aufgaben vor sich her schieben – das Phänomen nennt sich Prokrastination – ist den meisten Menschen gut bekannt. Entscheidungen oder Aufgaben, die keine unmittelbare positive Wirkung auf das Hier und Jetzt entfalten, sondern erst in ferner Zukunft wirksam werden, werden gern verdrängt. Mit der Anzahl möglicher Optionen und Lösungswege steigt sogar die Wahrscheinlichkeit, dass Entscheidungen vertagt oder gar nicht erst getroffen werden. Beides trifft auf die Altersvorsorge zu.

Die schlechte Nachricht: Das Alter wird kommen und mit ihm die Rentenlücke, wenn Sie untätig bleiben. Denken Sie nur einmal nach, welche Konsequenzen drohen, wenn Sie im Alter über weniger Geld verfügen? Müssten Sie sich einschränken? Kein Theater-Abo und keine Reisen mehr? Oder wäre es sogar möglich, dass Sie sich Ihre Wohnung oder die Krankenversicherung nicht mehr leisten können? Für die meisten Menschen ist der Gedanke unerträglich, auf Unterstützung Dritter angewiesen zu sein oder ihren Kindern zur Last zu fallen.

Stellen Sie sich also lieber die umgekehrte Situation vor: Was könnten Sie alles tun, wenn Sie in jeglicher Form finanziell unabhängig wären? Sich ehrenamtlich engagieren, reisen, neues Wissen aneignen. Die Zufriedenheit nimmt in der zweiten Lebenshälfte zu, weiß Eckart von Hirschhausen in seinem Bestseller *Die bessere Hälfte* zu berichten. Es lohnt sich also, für diese Zeit finanzielle Vorsorge zu schaffen. Lassen Sie sich nicht entmutigen und überlisten Sie ihre Emotionen:

1. **Besser eine gute Lösung als die perfekte nie gefunden zu haben**
Die eine wartet auf den optimalen Einstiegszeitpunkt am Aktienmarkt, die andere schwankt zwischen vier Investmentstrategien und drei Indexfonds. Dazu gibt es gutgemeinte Ratschläge vom Partner, der Kollegin, der Freundin, der Bank. Und letzte Woche der Anlagetipp in der Zeitung. Sie ahnen was passiert: nichts! Seien Sie also pragmatisch, mutig und akzeptieren Sie, dass auch gute Geldanlagen ihre Schattenseiten haben. Wichtig ist, dass Sie überhaupt sparen, und zwar so früh wie möglich.

2 Das Schwierigste am Sparen ist das Sparen

2. **Große Ziele erreicht man in überschaubaren Etappen**
 Ihr Anlageziel ist Wohlstand und finanzielle Unabhängigkeit in jeder Lebensphase. Darunter fangen wir gar nicht erst an! Setzen Sie sich bis dahin Etappenziele: Was wollen Sie bis wann getan haben? Wann wollen Sie die ersten 50.000 EUR erreichen? Wann 500.000 EUR? Vielleicht hilft Ihnen folgende Faustformel: Wer im Alter monatlich 500 EUR mehr zu Verfügung haben möchte, braucht 130.000 EUR Kapital. Wer sich dieses Ziel 30 Jahre vor Rentenbeginn vornimmt, muss monatlich 238 EUR ansparen (2,5 % Renditeannahme nach Kosten, 30 Jahre Kapitalverzehr). Ehrgeizige Etappenziele motivieren, wenn sie erreicht sind und sind ein Grund, stolz zu sein.
3. **Sparen ist ein Dauerlauf, kein Sprint**
 Zwischenzeitliche Rückschläge wie schlechte Börsenjahre oder unvorhergesehene Ausgaben können das Vermögenswachstum verlangsamen. Geben Sie aber nicht gleich auf: solche Phasen gehören dazu. Wer mehr verdient, sollte konsequenterweise auch die Sparraten anpassen und mehr auf die Seite legen. Denn mit steigendem Einkommen steigen in aller Regel auch die Ansprüche.
4. **Einkauf statt Shopping**
 Planen Sie Ihre Lebensmitteleinkäufe lieber einmal wöchentlich mit einem klaren Einkaufsplan, anstatt jeden Tag ein bisschen auf dem Weg vom Büro nach Hause zu besorgen. Dabei wird meistens mehr und Überflüssiges gekauft. Suchen Sie nach gezielten Angeboten und vergleichen Sie, wenn Sie eine größere Anschaffung planen. Vielleicht werden Sie auch secondhand fündig, eine Suche ist es allemal wert.

5. **Kontrolle**
Wie viel geben Sie für Restaurantbesuche aus? Wird das Fitnessstudio wirklich genutzt? Online-Käufe sind bequem, können rund um die Uhr erledigt werden und sind rasch erledigt. Die Gefahr ist groß, dass man den Überblick über die eigenen Ausgaben verliert. Setzen Sie sich ein Monatsbudget, über das Sie frei verfügen können und halten Sie dieses ein. Überprüfen Sie wöchentlich Ihre Umsätze. Bei den meisten Banken gibt es Apps und Online-Funktionen, mit denen das mühelos gelingt. Ganz bestimmt entdecken Sie dabei Ausgaben, die nicht zwingend notwendig waren und die Sie aus einer spontanen Laune heraus gemacht haben. Merke: Ansparen beginnt beim Einsparen.

6. **Fester Automatismus**
Verquicken Sie den monatlichen Gehaltseingang auf Ihrem Girokonto gleich mit dem Sparvorgang. Wer so vorgeht, spart konsequent und systematisch. Die Erfahrung zeigt, dass dadurch die Entbehrung weniger spürbar wird. Sparen Sie anfangs aber nur so, wie Sie durchhalten können. Es ergibt keinen Sinn, den Sparplan zu bedienen und gleichzeitig das Gehaltskonto zu überziehen. Faustregel für die Höhe der Sparraten sind 15–20 % vom Nettoeinkommen – Tendenz steigend.

7. **Gehaltsumwandlung**
Die betriebliche Altersvorsorge ist ein Muss. Dabei verzichten Sie auf Teile Ihres Gehaltes, die Ihr Arbeitgeber stattdessen in eine Rentenversicherung für Sie einzahlt. Weil die Beiträge nicht aus dem versteuerten Netto-Einkommen aufgebracht werden, sondern vielmehr vom Bruttogehalt abgezogen, spart das Steuern, Sozialabgaben und Aufwand. Und das Beste: Sie spüren das Sparen so gut wie gar nicht.

8. **Belohnen Sie sich**
Sparen muss nicht heißen, sich zu kasteien. Wir leben schließlich nicht im Mittelalter. Wer etwas geschafft und erreicht hat, sollte stolz sein und sich etwas gönnen: eine Auszeit, eine Anschaffung – worüber würden Sie sich freuen?

3

Finanz-Petits-Fours: Kreieren Sie ihre eigene Vermögensbiografie

Zusammenfassung Es ist offensichtlich, dass eine Berufseinsteigerin andere finanzielle Bedürfnisse und Möglichkeiten hat, als die erfolgreiche Unternehmerin, die ihre Nachfolge regeln möchte. Weil sich Lebensumstände und Lebensziele ändern, ändern sich auch Geldanlageentscheidungen. Doch was soll man wann tun? Damit Sie nichts verpassen und die richtigen Entscheidungen auch im richtigen Moment treffen, hier ein kurzer Überblick, worauf Sie besonders achten sollten.

3.1 Mit 20 – Arbeitskraft absichern und nichts überstürzen

Sie studieren oder befinden sich in einer Berufsausbildung? In dieser Phase haben zwei Dinge Priorität: Keine Schulden machen – und eine **Berufsunfähigkeitsversicherung (BU)** abschließen. Mit einer BU-Versicherung sichern

Sie ihre Arbeitskraft ab, denn wer aufgrund gesundheitlicher Beeinträchtigung nicht mehr arbeiten kann, riskiert nicht nur seine Vermögensbildung, sondern seine gesamte finanzielle Existenz. Eine BU-Vorsorge ist nicht kapitalbildend, dennoch als reine Risikoabsicherung ein wichtiger Bestandteil der Altersvorsorge.

Eine private **Haftpflichtversicherung** ist ebenfalls unverzichtbar. Mit ihr sichern Sie sich vor finanziellen Ansprüchen ab, wenn Sie einem Dritten Schaden zufügen. Sie kostet meist keine hundert Euro im Jahr.

Auch wenn es heißt, je früher desto besser, kann das Sparen für die Altersvorsorge in dieser Phase noch etwas warten. Wichtig ist vielmehr eine **täglich verfügbare liquide Reserve,** um für plötzlich anfallende Ausgaben gewappnet zu sein. Wer das Gefühl hat, dass ihm das Geld nur so durch die Finger rinnt, sollte penibel seine Ausgaben im Blick haben: Kontrolle statt Kaufrausch.

Mit dem Rucksack durch Vietnam oder als Tourengeher in den Alpen: zwischen Bachelor, Master und Berufsbeginn bereisen viele junge Frauen und Männer die Welt. Weil aber der Versicherungsschutz der gesetzlichen Krankenversicherung in aller Regel auf Deutschland und die EU begrenzt ist, ist eine **Auslandsreisekrankenversicherung** ratsam. Denn wer im Ausland erkrankt und auf medizinische Hilfe angewiesen ist oder wem ein Rücktransport nach einem Unfall droht, muss für die Kosten selbst aufkommen. Und das kann teuer werden. Eine Auslandsreisekrankenversicherung kostet dagegen nicht viel.

> Extra-Tipp für Auszubildende:
>
> - Auch Auszubildende sind Riester-berechtigt und können schon mit kleinen Beiträgen die erste Altersvorsorge starten. Im ersten Ausbildungsjahr reicht meist schon der Sockelbetrag von 60 EUR jährlich, um die volle

Förderung zu erhalten. Wer unter 25 Jahre ist, erhält zusätzlich im ersten Jahr noch einen einmaligen Berufseinsteiger-Bonus von 200 EUR.

3.2 Mit 30 – Sparen beschleunigen und Zulagen mitnehmen

Wer noch keine **Berufsunfähigkeitsversicherung** abgeschlossen hat, sollte das jetzt tun. Denn je später der Vertragsabschluss, desto teurer werden die Prämien. Eine BU-Vorsorge zahlt eine Rente, wenn Sie dauerhaft krank oder gesundheitlich eingeschränkt sind. Schließlich kann nur der Vermögen und Altersvorsorge aufbauen, der aktiv im Berufsleben steht und ein eigenes Einkommen erzielt.

Auch die **Riester-Rente,** mein Favorit nicht nur für Familien mit Kindern, gehört in diese Lebensphase zu den besten Empfehlungen. Bei der Riester-Rente erfolgt die Förderung über Zulagen und Steuervorteile. Aber Achtung: Nicht jedes Riester-Produkt passt zu jedem und eine falsche Wahl kann richtig Geld kosten.

Wer angestellt arbeitet, sollte die Vorteile der **betrieblichen Altersvorsorge** nutzen, die Kapitalaufbau mit Steuervorteilen verbindet. Sie zahlen die Beiträge aus dem Bruttoeinkommen (Entgeltumwandlung) und reduzieren auf diese Weise ihr steuer- und sozialversicherungspflichtiges Einkommen. Wer den maximal sozialabgabenfreien Betrag von 268 EUR monatlich (Wert 2019) anspart, braucht – je nach Steuersatz – nur 150 EUR vom Nettoeinkommen aufwenden. In der Regel fließt das Geld in Direktversicherungen, die Planungssicherheit bieten. Bei dem Modell der Unterstützungskasse oder Direktzusage, lässt sich übrigens noch mehr der steuerfrei ansparen. Das Recht auf Entgeltumwandlung hat jeder und viele Arbeitgeber stocken den Beitrag auf. Siehe dazu auch Kap. 15 *„Rente statt Gehalt: die betriebliche Altersvorsorge rechnet sich"*.

Investieren Sie jetzt auch in **Aktien!** Entweder über **ETF-Sparpläne** oder **Aktienfondssparpläne,** bei denen das Geld in aktiv gemanagte Investmentfonds fließt. Aktien und Altersvorsorge gehören zusammen, denn bei beidem geht es um einen langen Anlagezeitraum. Sie sind hinsichtlich ihrer Rendite allen anderen liquiden Anlageformen überlegen – trotz Crash und Finanzkrise. Etwas mehr Mut macht sich langfristig für Sie bezahlt.

Wer eine Familie plant, denkt meist über **Wohneigentum** nach. Starten Sie deshalb mit dem Aufbau der Eigenmittel, damit eine spätere Finanzierung nicht zu umfangreich und teuer wird. Investmentfondssparpläne sind dafür bestens geeignet. Und falls es mit der eigenen Immobilie nicht klappt, haben Sie ein frei verfügbares Vermögen geschaffen.

> Wichtiger Hinweis für alle Besserverdiener:
>
> - Wer angestellt 2019 mehr als 4950 EUR monatlich verdient (59.400 EUR Jahreseinkommen), hat die Möglichkeit von der gesetzlichen (GKV) in die private Krankenversicherung (PKV) zu wechseln. Selbstständige und Freiberufler können grundsätzlich ohne ein Einkommensminimum eine PKV abschließen. Als Privatpatient sind die Leistungen zumeist besser und die Prämien anfangs günstiger. Doch der Schritt in die PKV sollte wohlüberlegt sein, ganz besonders wenn Sie eine Familie planen. Anders als in der gesetzlichen Krankenversicherung sind bei den privaten Anbietern die Familienangehörigen nicht kostenlos mitversichert. Jedes Kind zahlt einen eigenen Beitrag und das kann teuer werden. Das gilt auch für die Beiträge im Alter. Eine Deckelung wie bei der GKV gibt es nicht. Lassen Sie sich unbedingt beraten!

3.3 Mit 40 – Rush-Hour der Vermögensbildung

Die Jahre um den 40. Geburtstag herum sind für viele Frauen die produktivsten für die Karriere und die Vermögensbildung, die mit einer größeren Sparfähigkeit merklich vorangetrieben werden kann.

Sie sind bis jetzt noch nicht mit **Aktien** in Berührung gekommen? Das sollten Sie nachholen! Wer in dieser Lebensphase in globale Aktienstrategien investiert, koppelt Teile seines liquiden Vermögens an erfolgreiche Unternehmen und Volkswirtschaften. Auch wenn diese Form der Geldanlage Schwankungen unterliegt – auf lange Sicht ist die Rendite von Aktieninvestments nicht zu schlagen. Je nach Größe Ihres Vermögens, persönlicher Risikoneigung und Leidenschaft fürs Börsengeschehen ist eine Vermögensverwaltung mit Fonds empfehlenswert.

Empfehlenswert ist nach wie vor die **betriebliche Altersvorsorge**; auch **Riestern** lohnt sich noch.

Selbstständige, Unternehmerinnen sowie gut verdienende Angestellte sorgen mit der steuerbegünstigten **Basisrente** vor. Die als „Rürup-Versicherung" bekannte Altersvorsorge folgt in ihrer Ausgestaltung der gesetzlichen Rentenversicherung, doch im Gegensatz zu dieser ist sie vollumfänglich kapitalgedeckt. 2019 können 88 % des Rürup-Beitrags steuerlich als Altersvorsorgeaufwendungen abgesetzt werden.

Haben Sie **Kinder?** Dann legen Sie jetzt Geld für den Nachwuchs zur Seite und unterscheiden Sie dabei nach langfristigen Zielen, wie das Finanzpolster für ein Studium, und nach kurzfristigen wie eine Sprachreise. Mit einem längeren Anlagehorizont sind Investmentfondssparpläne ratsam.

Wer sein Eigenheim über einen Hypothekenkredit finanziert hat, sollte unbedingt an die Absicherung der Familie mit einer **Risikolebensversicherung** denken. Sie sichert die Kinder und den überlebenden Partner für den Fall ab, dass der Hauptverdiener stirbt. Nutzen Sie auch die jährlichen Sondertilgungsmöglichkeiten, die üblicherweise bis zu 5 % der ursprünglichen Darlehenssumme möglich sind. Auch wenn die Kreditzinsen niedrig sind, ist jeder getilgte Euro ein aktiver Schritt für den Vermögensaufbau.

> Extra-Tipp für die Phase zwischen 40 und 50:
>
> - Zu einer vorausschauenden Finanzplanung gehört auch die Vorsorge für den Fall, dass Sie nach einer Krankheit oder einem Unfall selbstbestimmt keine eigenen Entscheidungen mehr treffen können. Mit gegenseitigen Bankvollmachten, **Vorsorgevollmachten** und Betreuungsverfügungen lässt sich vieles regeln, denn Kinder und Ehepartner sind nicht automatisch die Vertretungsberechtigten. Zum Thema Vorsorge gehören auch Überlegungen zu **Testament,** Patientenverfügung und Organspende.

3.4 Mit 50 – Überblick verschaffen und Vorsorgelücken schließen

Mit 50 kann uns keiner mehr etwas vormachen. Frauen in dieser Lebensphase stehen mit beiden Beinen im Berufsleben, starten nach einer Familienphase neu oder denken über alternative Wege nach – freiwillig oder der Umstände halber. Jetzt ist es Zeit für eine **Bestandsaufnahme** und einem **Altersvorsorge**-Check.

3 Finanz-Petits-Fours: Kreieren Sie ihre eigene ...

Mit welcher Rente können Sie rechnen? Wenn es um die gesetzliche Rentenversicherung geht, rate ich zu einem persönlichen Gespräch bei einer der vielen Beratungsstellen, die unmittelbar Zugriff auf alle Daten Ihres persönlichen Rentenverlaufs haben.

Was bringen Ihre bestehenden privaten Altersvorsorgeverträge? Reicht Ihnen diese Rente zum Leben? Auf welches Vermögen können Sie im Alter zurückgreifen? Ein Altersvorsorge-Check schafft Klarheit über ihre derzeitigen und in Aussicht gestellten Renten und zeigt Versorgungslücken auf. Selbstständige und gut verdienende Angestellte sollten von der steuerbegünstigten Rürup-Rente profitieren. Lassen Sie sich beraten, wie Sie die verbleibenden Jahre bis zum Ruhestand für die weitere Vermögensbildung nutzen können!

Stichwort Vermögen: Angesichts des vor Ihnen liegenden langen Anlagezeitraums sind **aktiv gemanagte Aktienstrategien** unverändert meine Anlageempfehlung Nummer 1.

Haben Sie eine **Immobilienfinanzierung?** Das aktuell sehr niedrige Zinsniveau verleitet dazu, den Kredit nach Ablauf der Zinsbindungsfrist zu verlängern. Ich rate jedoch dazu, die Entschuldung zu beschleunigen. Vielleicht können Sie ja durch weitere Sondertilgungen die Darlehenshöhe reduzieren. Ziel sollte es sein, im Alter schuldenfrei zu sein, um vom „Mietfreien Wohnen im Alter" auch wirklich profitieren zu können.

Extra-Tipp für Unternehmer/-innen:

- Gesellschafter-Geschäftsführer, aber auch Vorstände von Kapitalgesellschaften haben meist einen hohen Versorgungsbedarf. Sie können mit einer Direktzusage über ihr Unternehmen für den späteren Rentenbeginn vorsorgen. Der Vorteil liegt in der sogenannten Dotierung, denn die Beiträge zur Direktzusage sind in unbegrenzter Höhe steuer- und sozialabgabenfrei. Steuern und Sozialversicherung fallen erst in der Rentenphase an, wenn in aller Regel der persönliche Steuersatz geringer ist als zu Berufszeiten. Empfehlenswert ist der Abschluss einer Rückdeckungsversicherung, um die Versorgungsverpflichtung aus dem Unternehmen auszulagern.

3.5 Mit 60 – Vermögenssicherung hat Priorität

Möglicherweise verändert sich allmählich Ihre Risikobereitschaft und Sie denken darüber nach, aus **Aktien** auszusteigen. Folgen Sie ruhig Ihrem Gefühl, wenn Sie sich mit einer ausgewogenen Struktur wohler fühlen. Einen zwingenden Grund aus Aktien auszusteigen gibt es aber nicht, denn vor Ihnen liegen sicher noch 20, 30 Jahre Lebenszeit, was als ein langer Anlagehorizont gilt.

Welche Pläne haben Sie? Sie haben viel Erfahrung und neue berufliche und persönliche Herausforderungen sind auch in den Jahren vor dem offiziellen Renteneintritt ohne weiteres möglich. Oder wünschen Sie sich einen vorzeitigen Ruhestand? Wie Sie die Voraussetzungen hierfür erfüllen, klären Sie am besten in einem persönlichen Gespräch bei der Deutschen Rentenversicherung. Möglicherweise ist eine Zuzahlung ratsam, um Wartezeiten zu erfüllen oder ihre Rente aufzustocken. Es ist sinnvoll, auch Ihren Arbeitgeber frühzeitig in Ihre Überlegungen einzuweihen. Wer jetzt noch keinen Altersvorsorge-Check gemacht hat, sollte das unbedingt tun.

Ab 60 werden bei vielen Anlegern die ersten **Lebensversicherungen fällig** und dann stellt sich die Frage: Rente oder Kapital? Fällige Alt-Verträge locken mit der Steuerfreiheit auf die Kapitalzahlung, nichtsdestotrotz ist die

Zuverlässigkeit und Sicherheit einer lebenslangen Rente nicht zu unterschätzen. Private Renten profitieren zudem von der vorteilhaften Ertragsanteilsversteuerung. Tipp: Bei den meisten privaten Rentenversicherungen können Sie den Rentenbeginn hinauszögern. Das erhöht die Rente und Sie verbessern zusätzlich die steuerliche Situation, denn je später der Rentenbeginn, desto geringer die Ertragsanteilsbesteuerung. Mit 60 unterliegt ein Anteil von 22 % der persönlichen Besteuerung; mit 67 sind es 17 %.

Wer sich noch nicht mit Vorsorgevollmachten, Patientenverfügung und seiner Nachlassregelung beschäftigt hat, sollte dieses jetzt tun. Und wenn Sie Großmutter sind, mögen Sie vielleicht darüber nachdenken, ihre Enkelkinder zu unterstützen.

> **Wichtiger Hinweis für privat Krankenversicherte:**
>
> - Mit dem Alter steigt auch der Beitrag in die PKV. Doch ein Wechsel von der privaten zur gesetzlichen Krankenversicherung ist nun nahezu ausgeschlossen. Sie haben jedoch das Recht, bei Ihrem Anbieter auch ohne Gesundheitsprüfung und Verlust der Rückstellungen in einen anderen günstigeren Tarif zu wechseln. Außerdem steht Ihnen der Basistarif offen, dessen Leistungen und Beitrag der gesetzlichen Krankenversicherung entsprechen. Lassen Sie sich beraten und prüfen Sie genau, welcher Tarif am besten zu Ihnen passt.

3.6 Mit 70 – Kapitalverzehr und Vermögensübertragungen

Man ist so alt, wie man sich fühlt. 70-Jährige fühlen sich heute zehn Jahre jünger als ihre Altersgenossen vor 20, 30 Jahren. Sie sind gesünder, aktiver, leben länger und sind erwiesenermaßen glücklicher als jüngere. Das Vermögen muss deshalb lange reichen.

Wer Planungssicherheit wünscht und Abstriche bei der Rendite macht, ist mit einer **Sofortrente** gut beraten. Eine 67-jährige Frau kann gegen Einmalzahlung von 100.000 EUR eine lebenslange Rente von beispielsweise 385 EUR beziehen – Gesamtrente, davon garantiert: 336 EUR (Tarifrechner Stuttgarter Versicherung 2019).

Mehr Flexibilität haben Sie mit einem **Investment-Auszahlplan.** Er kann bequem und jederzeit änderbar auf Ihr Depot eingerichtet werden. Das ist besonders interessant, wenn Ihr Wertpapierportfolio gut strukturiert ist und Sie weiterhin die Renditechancen der internationalen Kapitalmärkte suchen. Anders als bei der Sofortrente, die lebenslang bezahlt wird, endet der Auszahlplan, wenn das Vermögen aufgebraucht ist. Über dieses Versorgungsrisiko sollte sich jeder im Klaren sein.

Extra-Tipp Generationenmanagement:

- Schenkungen zu Lebzeiten sind durchaus sinnvoll, müssen aber gut durchdacht sein: die eigene Absicherung und die des Partners hat immer Priorität! Wer rechtzeitig eine Nachlassplanung aufsetzt, kann die gesetzlichen Freibeträge alle 10 Jahre in Anspruch nehmen, sodass die steuerliche Belastung für nachfolgende Generationen minimiert wird oder vielleicht ganz entfällt. Eltern dürfen ihren Kindern je 400.000 EUR steuerfrei schenken, für Ehepartner liegt der Freibetrag bei 500.000 EUR. Unverheiratete haben mit einem geringen Freibetrag von 20.000 EUR das Nachsehen. Wer schenkt, sollte sich den Nießbrauch vorbehalten. Die Schenkung des Familienwohnheims unter Eheleuten ist in aller Regel steuerfrei.

4

Die junge Familie – was die Generation Y besser macht als ihre Mütter

Zusammenfassung Eine Zeit lang hatte es den Anschein, dass die Ehe außer Mode war. Wer will sich schon einschränken und fest binden, wenn man als Paar auch ohne Trauschein gut zusammenleben kann. Diese Zeiten sind vorbei, denn die Deutschen heiraten wieder und mehr Kinder werden auch geboren. Doch für junge Mütter hat sich offenbar wenig verändert. Deshalb gilt umso mehr, dass nur diejenige Eigenverantwortung für sich übernehmen kann, die mit beiden Beinen im Berufsleben steht und ihre Partnerschaft anders lebt, als ihre Mütter und Großmütter. Worauf es ankommt, erfahren Sie hier.

Märchenhochzeiten stehen hoch im Kurs. Weddingplaner inszenieren sündhaft teure Events, die dem Gast den Atem und dem jungen Paar mühelos einen fünfstelligen Betrag rauben: „Man heiratet ja schließlich nur einmal". Das durchschnittliche Heiratsalter von Frauen liegt hierzulande bei

31½ Jahren und damit 5 Jahre höher als noch vor 25 Jahren. Männer heiraten im Schnitt mit 34 (Statistisches Bundesamt 2017).

Bis zu zehn Jahre leben Paare zusammen, bevor sie heiraten. Sie schließen erst Ausbildung und Studium ab, starten in den Beruf und nehmen sich damit auch mehr Zeit, einander kennenzulernen. Diese lange Testphase gilt als einer der Erfolgsfaktor für das Gelingen des Eheversprechens. Denn tatsächlich ist die Zahl der Scheidungen seit den 1990er Jahren rückläufig. 2017 haben sich laut dem Statistischen Bundesamt 407.493 Paare das Ja-Wort gegeben, während gleichzeitig nur 153.501 Ehen geschieden wurden. Zur Wahrheit gehört aber auch, dass nach wie vor jede vierte Ehe in Deutschland vor dem Scheidungsanwalt endet. In den Großstädten sogar jede zweite – im Schnitt nach 15 Jahren.

Es gibt viele gute Gründe, die für eine Ehe sprechen. Ein Liebesbeweis ist es allemal, aber eine Garantie für die lebenslange gegenseitige Absicherung ganz sicher nicht. Was aber ändert sich mit der Ehe? Welche Verantwortungen sind mit dem Bund fürs Leben verbunden? Nur wenige Frauen machen sich im Vorhinein Gedanken über die Rechtsfolgen und die finanziellen Auswirkungen, dabei sind sie es doch so oft, die während der Ehe weitreichende Entscheidungen treffen, die ihr ganzes Leben beeinflussen. *Mut zur Lücke* ist hier fehl am Platz.

Der Gesetzgeber hat klare Regeln getroffen, angefangen von der Bestimmung des Namens (Seiner? Ihrer? Beider? Und dann in welcher Reihenfolge?) bis hin zu vermögensrelevanten Regelungen, wie dem Zugewinnausgleich und der Versorgung im Alter. 2008 wurde das Ehegattenrecht einer umfangreichen Modernisierung unterzogen und, wie es so schön heißt, an die Lebenswirklichkeit angepasst. Darin wurde der Grundsatz der Eigenverantwortung fest verankert, was im Klartext bedeutet: die per Trauschein erworbene Garantie auf einen gesicherten Lebensstandard ist gekippt. Jeder ist für sich selbst verantwortlich.

4 Die junge Familie – was die Generation …

Kommt es dann zu einer Trennung, verdoppelt sich das Armutsrisiko vor allem für jene Frauen, die sich auf die traditionelle Rollenverteilung eingelassen haben. Diese Frauen haben den Kindern zuliebe ihre Berufstätigkeit aufgegeben, pflegen Angehörige oder wenn sie arbeiten, dann in einem schlecht bezahlten Minijob oder in Teilzeit. Das reißt nicht nur Lücken in die berufliche Vita, sondern vor allem in die Erwerbsbiografie und die persönliche Vermögensbilanz. Eigenverantwortung kann nur der für sich übernehmen, der mit beiden Beinen im Berufsleben steht.

Würde ich heute meine Finanzvorträge für Frauen mit der Feststellung „Ein Mann ist keine Altersvorsorge" eröffnen, würde ich sicher nur ein müdes Lächeln ernten. Zu Recht! Ich kenne keine Frau, die ihre Partnerschaft mit dem verstaubten Versorgermodell verbindet, wo ER sich mit ganzer Kraft der Karriere widmet und SIE ihm ansonsten den Rücken freihält. Das war vielleicht in den 1970er Jahren so, als die Ehe als Versprechen auf eine lebenslange Absicherung galt. Heute ist das anders und vor allem junge Paare der Generation Y, also Frauen und Männer der Geburtsjahrgänge 1980 bis 2000, haben das traditionelle Ernährermodell faktisch abgewählt. In einer modernen Doppelverdiener-Partnerschaft leisten beide ganz selbstverständlich ihren finanziellen Beitrag zum gemeinsamen Leben. Mit anderen Worten: sie begegnen sich damit auf Augenhöhe.

Das hat auch einen guten Grund und der heißt: Emanzipation. Noch nie zuvor gab es so viele gut ausgebildete und selbstbewusste Frauen wie jetzt. Dabei kommt der beruflichen Eigenständigkeit eine Schlüsselrolle zu. Die Erwerbsquote von Frauen liegt derzeit bei 75 %, das heißt drei von vier Frauen zwischen 20 und 65 gehen einer bezahlten Beschäftigung nach. Im Jahr 2007 lag die Quote noch bei 66 %. Trotz dieses starken Anstiegs sind Frauen aber weiterhin deutlich seltener erwerbstätig als Männer, deren Erwerbstätigenquote bei über 83 % liegt (Statistisches Bundesamt 2017).

4.1 Raus aus der Zwickmühle! Junge Mütter befinden sich im Kind-Karriere-Konflikt

Doch sobald sich der Nachwuchs ankündigt, passiert etwas Merkwürdiges. Dann fallen viele der eben noch so modernen Partner in alte Rollenmuster zurück. Ich beobachte junge Frauen, die gerade zum Karrieresprung ansetzen und sich plötzlich auf die traditionelle Rolle der Hausfrau und Familienmanagerin rückbesinnen. Sie nehmen mit der Geburt des Kindes eine berufliche Auszeit und kehren erst nach einigen Jahren in überschaubarer Teilzeit ins Berufsleben zurück. Im Jahr 2017 waren 11 Mio. Frauen teilzeitbeschäftigt, was 47 % aller erwerbstätigen Frauen entspricht (Männer 9 %). Gleichzeitig verschiebt sich das Kräfteverhältnis innerhalb der Partnerschaft: der Vollzeit arbeitende Ehegatte – ich orientiere mich mit dieser Terminologie an der Lebenswirklichkeit – sorgt für die laufenden Einnahmen. Die Ehefrau übernimmt die Hausarbeit und die Kinderbetreuung. Doch was kurzfristig praktisch, sinnvoll und sicher auch schön für das gemeinsame Familienleben ist, reißt auf lange Sicht große Lücken in die Vermögensbilanz der Frau.

Warum entscheiden sich wieder viele Frauen für ein Lebensmodell, das die Abhängigkeit fördert und sich vor dem Hintergrund des 2008 geänderten Eherechts auch als finanzielle Sackgasse für sie entpuppen kann? Sind es die fehlenden Betreuungsmöglichkeiten? Oder wollen sie ihr Kind einfach nicht in die Obhut von Kitas & Co. geben? Scheuen Frauen die beruflichen Herausforderungen, die ihnen viel Zeit und mitunter auch Ellenbogen abverlangen? Oder erliegen Mann und Frau falschen Anreizen und Versuchungen? Werden vielleicht den Rückkehrerinnen Steine in den Weg gelegt, an denen auch das 2018 verabschiedete Rückkehrrecht in eine Vollzeitstelle nur bedingt etwas ändern kann, denn aufgrund der vielen Ausnahmetatbestände profitieren nur wenige Frauen von der Neuregelung.

Seit Ende der 1990er Jahre sank (!) der Anteil der Vollzeit beschäftigten Frauen von knapp 70 auf 52 %, wie die Bundesregierung im März 2019 auf einer Kleinen Anfrage der Linken antwortet (Deutscher Bundestag 2019). Ich möchte die Konsequenzen, die sich für die Altersvorsorge der Frau ergeben, im folgenden Beispiel aufzeigen. Es basiert auf einer Studie des Prognos-Instituts vom April 2018, die vom Gesamtverband der Deutschen Versicherungswirtschaft in Auftrag gegeben wurde.

4.2 Vollzeitmutter, Teilzeitmutter oder doch ganz zurück ins Business?

Beispiel

Nadine (35, Jahrgang 1983) arbeitet seit ihrem erfolgreichen BWL-Studium im Bereich Controlling bei einem mittelständischen Industrieunternehmen. Sie und ihr Mann Jan (39) verdienen gut und als die Kinder, heute 5 und 7, geboren werden, stellte sich die Frage, wer übernimmt welchen Teil der Familienarbeit. Wer ist für das Familieneinkommen zuständig? Nadines Arbeitgeber hat längst die Zeichen der Zeit erkannt und die Vereinbarkeit von Familie und Beruf mit entsprechenden Betriebsvereinbarungen zu Teilzeit und Wiedereinstieg spürbar verbessert. In Zeiten des Fachkräftemangels wollen und können die Unternehmen auf die hochqualifizierten Frauen nicht verzichten. Auch Jan hat die Möglichkeit, Elternzeit zu beantragen, doch er ist gerade erst zum Teamleiter aufgestiegen. Sie ahnen es: rasch herrschte zwischen Nadine und Jan Einigkeit darüber, dass Nadine ihre berufliche Tätigkeit pausiert und sich zunächst um die beiden Söhne kümmert. Ihr Einkommen liegt bei rund 61.300 EUR.

Doch was heißt „zunächst" und was bedeutet das für die eigene Altersvorsorge? Mit welcher Altersrente können junge Frauen wie Nadine bei einem beruflichen Wiedereinstieg rechnen, wobei sich dieser nach „Wann" (Dauer der Familienpause) und „Wie" (Voll- der Teilzeit?) unterscheidet. Grob dargestellt unterscheiden die Prognos-Analysten in ihrer Studie *Frauen und Altersvorsorge. Perspektiven und Auswirkungen einer höheren Erwerbsbeteiligung auf die eigenständige Alterssicherung* nach drei verschiedenen Lebensentwürfen:

Typ 1 ist die **Mutter,** bei der die Familie im Mittelpunkt steht. Sie legt nach jeder Geburt ihrer Kinder eine 2-jährige Familienpause ein und arbeitet danach während des gesamten Berufslebens 20 Wochenstunden in Teilzeit. Sie kann im Jahr 2050, wenn sie das gesetzliche Renteneintrittsalter erreicht hat, auf eine Bruttorente von **1220 EUR** kommen (zur besseren Interpretation entspricht diese Rente dem heutigen Preisniveau, also ohne Rentensteigerungen).

Typ 2 ist die **Hinzuverdienerin.** Ihr geht es vor allem darum, das gemeinsame Familienbudget zu stärken. Sie pausiert nach jedem Kind 1½ Jahre und arbeitet bis zum Renteneintritt in Teilzeit; erst 20 später 30 h. Sie kann mit einer Altersrente aus der gesetzlichen Rentenversicherung von **1560 EUR** rechnen (heutige Bruttorente).

Typ 3 möchte auf ihre berufliche **Karriere** nicht verzichten. Nach einer kurzen Babypause von jeweils 10 Monaten nimmt sie eine Teilzeittätigkeit von 20 h auf. Um den jeweils 2. Geburtstag herum erweitert sie ihre Berufszeit auf 35 h wöchentlich und ab dem 12. Geburtstag des Jüngsten arbeitet sie Vollzeit bis zum Renteneintritt. Ihre Rentenprognose stellt sich deutlich besser dar: mit 67 Jahren liegt ihre Gesetzliche Rente bei **1920 EUR** (heutige Bruttorente).

Das Ergebnis überrascht nicht: wer mehr arbeitet, erzielt eine höhere Rente. Überraschend ist jedoch die enorme Differenz zwischen den drei Lebensentwürfen. Die gesetzliche Rente einer Mutter mit langen Kindererziehungszeiten und geringen Erwerbsphasen (Typ 1) ist um rund 36 % geringer als die einer berufsorientierten Mutter (Typ 3).

Die unmittelbare Gegenüberstellung liefert den Beweis, was Frauen längst wissen: Längere Berufspausen sind nicht nur ein Knick für die Karriere und die eigene Erwerbsbiografie, sondern reißen Löcher in die eigene Altersvorsorge. Geringe Teilzeitarbeit oder gar Minijobs helfen zwar dem Familienbudget, doch der Preis, den Frauen als Vollzeitmutter zahlen, ist hoch. Was bleibt, ist die Abhängigkeit vom Partner. Nadine und Jan haben nun einiges zu besprechen.

4.3 Finanz-Regeln für Paare: Tipps zur fairen Geldverteilung zwischen Mann und Frau

Halten wir fest: Das Projekt Familie gelingt nur gemeinsam. Ein bedeutender Erfolgsfaktor ist dabei eine faire Aufteilung von beruflicher Tätigkeit, Familienarbeit und – machen wir uns nichts vor – Geld. Dort, wo es keine oder nur eine geringe finanzielle Abhängigkeit gibt und die Vermögensbalance sichergestellt ist, begegnet man sich auf Augenhöhe. Wenn Mann und Frau ihren Beitrag zum Familienleben leisten, warum sollte nur einer Anspruch auf eine ordentliche Rente haben?

4.3.1 Elternzeit und Elterngeld für beide

Das Beste aus beiden Welten klingt einfach: beide Partner schrauben in der Familienphase ihre berufliche Tätigkeit zurück, sodass niemand fürchten muss, den Anschluss zu verpassen. Das kann über verschiedene Teilzeitmodelle erfolgen oder wechselnde Inanspruchnahmen der gesetzlichen **Elternzeit,** die im Regelfall bis zum 3. Geburtstag des Kindes läuft. Seit 2015 können Mütter und Väter zudem 24 Monate Elternzeit auf den Zeitraum zwischen dem 3. und dem 8. Geburtstag des Kindes übertragen.

Dazu gibt es das **Elterngeld** für Mütter und Väter, die nach der Geburt ihre berufliche Tätigkeit unterbrechen oder einschränken. Die Höhe des Elterngeldes ersetzt in der Regel 65 % (Geringverdiener bis 1000 EUR zu 100 %) des monatlich verfügbaren Nettoeinkommens, das der betreuende Elternteil vor der Geburt des Kindes hatte. Es beträgt mindestens 300 EUR und höchstens 1800 EUR monatlich. 2014 wurde das neue **Elterngeld-Plus** eingeführt, wonach das Elternpaar die Möglichkeit hat, für einen längeren Zeitraum ein geringeres Elterngeld in Anspruch zu nehmen. Der Gesetzgeber hat damit ein gelungenes Gesetz auf den Weg gebracht, wie ich finde. Es ist eine gute Ausgangsbasis, Beruf und Familienleben unter einen Hut zu bringen. Im ersten Quartal 2018 haben sich laut dem Bundesfamilienministerium 31 % – in einigen Regionen sogar bis 41 % – der Eltern, die Elterngeld beantragt haben, für die Variante Elterngeld-Plus entschieden.

4.3.2 Tappen Sie nicht in die Splittingfalle!

„Teilzeit lohnt sich für mich nicht. Netto komme ich gerade mal auf den Kita-Platz. Da kann ich auch gleich zuhause bleiben". Schon mal gehört? Tatsächlich zahlt

4 Die junge Familie – was die Generation …

sich Teilzeitarbeit auf den ersten Blick kaum aus. Nach Abzug von Steuern und Sozialversicherung bleibt wenig übrig. Die Ursache ist meist das Ehegattensplitting in Verbindung mit der Wahl der Steuerklassen.

Das Ehegattensplitting ist ein Verfahren zur Berechnung der Einkommensteuer bei zusammen veranlagten Eheleuten. Es hat seinen Ursprung in den 1950er Jahren, also einer Zeit, in der das Alleinversorgermodell gang und gäbe war. Dabei wird das Einkommen von beiden addiert und anschließend zu gleichen Teilen auf beide Ehepartner aufgeteilt. Aus diesem halben Einkommen wird die Einkommensteuer berechnet und anschließend für das Paar verdoppelt. Ehepaare, deren Einkommen weit auseinander liegen, zahlen auf diese Weise in der Regel weniger Steuern, als wenn sie getrennt zur die Einkommensteuer veranlagt werden.

Beispiel: Svenja arbeitet wegen der Betreuung der beiden Kinder Teilzeit und verdient 20.000 EUR pro Jahr. Michael ist Abteilungsleiter in einer Bank und bezieht ein durchschnittliches Jahreseinkommen von 100.000 EUR. Wären die beiden nicht verheiratet oder lassen sich getrennt zur Einkommensteuer veranlagen, wäre Svenjas Steuerbelastung bei 2547 EUR und Michael würde 35.046 EUR ans Finanzamt zahlen müssen. Zusammen also 37.503 EUR. Beim Ehegattensplitting wird nun angenommen, dass beide Partner jeweils 60.000 EUR verdienen, was eine Steuerlast von zusammen 34.644 EUR bedeutet und damit 2859 EUR weniger als in der Getrenntveranlagung. Grund für die Steuerersparnis ist die im deutschen Steuerrecht verankerte Progression. Der Steuersatz steigt mit der Höhe des Einkommens, sodass der letzte Euro der Einkünfte höher besteuert wird, als der erste Euro (Einkommensteuertarif 2019).

Um den Effekt des Ehegattensplittings zu erleben, muss man nicht erst bis zur Einkommensteuererklärung abwarten. Er wird bereits auf dem Gehaltszettel durch die Wahl der Steuerklasse wirksam. Doch genau dort lauert die Gefahr. Denn viele Paare, deren Einkommen stark voneinander abweichen, möchten den positiven Effekt des Ehegattensplittings sofort mitnehmen und wählen die Steuerklassen-Kombination III und V. Der Partner, der mehr verdient, wird dann in der Steuerklasse III relativ günstig besteuert, während der Partner mit dem niedrigen Einkommen in Steuerklasse V überproportionale Steuerabzüge hat. Mit anderen Worten: er hat mehr Netto vom Brutto. Bei der jährlichen Einkommensteuererklärung gleicht sich das zwar wieder aus, aber zunächst einmal bedeutet es, dass Frauen das Gefühl beschleicht, nichts zu verdienen. Das ist nicht nur frustrierend, sondern führt auch dazu, dass kein Geld mehr zum Sparen übrig bleibt. Eine Studie des Instituts für Demoskopie Allensbach konnte empirisch belegen, dass familienorientierte Mütter kaum etwas für die eigene Altersvorsorge aufbringen (können).

Der Staat setzt hier die falschen Anreize und viele Paare können dem nicht widerstehen. Partnerschaftlich und gerechter ist die Kombination IV/IV allemal, denn jeder wird nach seinem eigenen Einkommen und auf Grundlage seiner persönlichen Grundfreibeträge besteuert. Sollte sich ein Splittingeffekt ergeben, zahlt das Finanzamt bei der Steuererklärung die im Laufe eines Jahres zu viel bezahlte Steuern ohnehin zurück. Lassen Sie sich in jedem Fall steuerrechtlich beraten.

Es gibt aber noch einen weiteren wichtigen Grund, der für die Kombination IV/IV spricht: die Höhe des Elterngelds richtet sich danach, wie viel derjenige, der Elternzeit beantragt, zuvor netto verdient hat. Und das wiederum hängt maßgeblich von der Wahl der Steuerklasse ab.

Wer trotzdem auf die Steuerklassen-Kombination III und V beharrt, sollte vereinbaren, dass der besserverdienende Partner vom erzielten Liquiditätsüberschuss die

Beiträge für die Altersvorsorge des gering- oder gar nicht berufstätigen Partners übernimmt. Das gilt auch für Steuerrückerstattungen. Damit hat auch der gering verdienende Partner Möglichkeiten zum Sparen.

4.3.3 Machen Sie ihren Mann zum Partner ihrer Altersvorsorge

Die junge Mutter schultert den größten Teil der Familienarbeit und der Haushaltsführung, während der Vater sich intensiv seiner Karriere widmet. Sie glauben das nicht? Untersuchungen zufolge arbeiten Väter im Schnitt etwa zwei Stunden pro Woche länger als ihre kinderlosen Kollegen. Das hat in der Mehrzahl sicher nicht damit zu tun, dass diese Väter sich vor ihren familiären Aufgaben drücken wollen, sondern in gutgemeinter Verantwortung für die Familie. Wer Hauptverdiener der Familie ist, fängt ein fehlendes zweites Einkommen mit mehr Einsatz am Arbeitsplatz auf.

Das finanzielle Ungleichgewicht zwischen den Elternteilen wird damit aber weiter verschärft. Um dem vorzubeugen, ist es anzuraten, dass der wirtschaftlich stärkere Partner dem wirtschaftlich Schwächeren eine eigene Altersvorsorge finanziert. Wie hoch dafür der Beitrag ist, muss individuell besprochen werden. Einen guten Anhaltspunkt liefert das letzte Berufseinkommen beziehungsweise der gezahlte Beitrag in die gesetzliche Rentenversicherung.

Wer sich drei Jahre um die Kindererziehung kümmert, bekommt Entgeltpunkte für seine Altersrente gutgeschrieben. Pro Kind sind das 99 EUR pro Monat (Ostdeutschland: 95 EUR). Dieser Wert orientiert sich am aktuellen Durchschnittsverdienst (2019: 38.901 EUR). Wer jedoch vor der Babypause doppelt so viel verdient hat, dem fehlen Rentenansprüche in gleicher Höhe. Diese Lücke kann mit einer Privaten Rentenversicherung mit einem Monatsbeitrag je nach verbleibender Laufzeit zwischen 70 und 100 EUR wirksam geschlossen werden.

Ähnlich können Paare vorgehen, bei denen einer nach der Familienzeit eine Teilzeittätigkeit aufnimmt. Unberücksichtigt bleiben bei dieser Betrachtungsweise mögliche Gehaltserhöhungen und Karriereschritte, die dem familienorientierten Partner verwehrt werden. In einer fairen Partnerschaft kann aber auch das berücksichtigt werden.

4.3.4 Ehevertrag

Eheverträge hatten in der Vergangenheit keinen guten Stand. Wer mag in Zeiten großer Liebe schon gern über Trennungsfragen sprechen. Dabei kann gerade die Ausgestaltung eines fairen partnerschaftlichen Vertrags als ein Zeichen allerhöchster Liebe und Verbundenheit verstanden werden, der die finanziellen Sorgen nimmt, die zwangsläufig mit einer Trennung oder dem Tod verbunden sind.

Ein Ehevertrag hält gleich am Anfang einer Ehe verbindliche Regelungen fest, um einen für beide Seiten schmerzhaften Rosenkrieg zu vermeiden. Aber auch zu einem späteren Zeitpunkt sind Eheverträge, übrigens auch Partnerschaftsverträge zwischen Nicht-Verheirateten, möglich.

Lassen Sie sich in jedem Fall rechtlich beraten. Das bürgerliche Recht gibt dem Paar einen breiten Spielraum, Regelungen über die Zuordnung von Vermögenswerten, Tilgung von Schulden, Unterhalts- und Vorsorgeansprüche, die Verantwortung für die Kinder sowie Regelungen für den Erbfall zu treffen. In meiner Beratungspraxis erlebe ich erfreulicherweise immer mehr Paare, die keine Scheu vor Eheverträgen haben. Siehe auch Abschn. 5.3 *"Schatz, lass uns reden: Vertragliche Gestaltungsmöglichkeiten vermeiden den Rosenkrieg"*.

5

Mein Geld ist dein Geld? Nur wer vorsorgt, zahlt bei Scheidung nicht drauf

Zusammenfassung „Einmal Zahnarztgattin, immer Zahnarztgattin: das gilt nicht mehr". Mit diesen Worten fasste die damalige Bundesjustizministerin den Kern des neuen Eherechts zusammen, das 2008 reformiert wurde. Die Versorgerehe gibt es nicht mehr, denn seit diesem Zeitpunkt ist jeder Partner für sich selbst verantwortlich. Eigenverantwortung kann aber nur der für sich übernehmen, der mit den Folgen einer Eheschließung vertraut ist, die Gestaltungsmöglichkeiten kennt, die mit einem Ehevertrag verbunden sind und am besten mit beiden Beinen im Berufsleben steht.

Geld ist im Jahre 2019 natürlich kein Tabuthema mehr, dennoch habe ich den Eindruck, dass in vielen Partnerschaften nicht wirklich darüber gesprochen wird. Statt über wichtige Fragen wie „Wie wollen wir leben?" oder „Wie sieht es aus, wenn einer von uns berufsunfähig würde?" zu reden, herrscht in vielen Partnerschaften Funkstille. Liebende, die sich eben noch den Bund fürs Leben versprochen haben, rücken plötzlich nicht mit der Sprache heraus, wie viel sie verdienen und wie hoch ihre Betriebsrente ist. Das Schweigen schafft Unsicherheiten, weckt Misstrauen und schürt Ängste.

Da hilft tatsächlich nur eines: Setzen Sie sich in Ruhe zusammen und sprechen Sie über ihre Wünsche. Bringen Sie auch Ihre Bedenken und Sorgen zur Sprache und gehen Sie in Sachen Transparenz in Vorleistung. Das öffnet in aller Regel verschlossene Türen. Denn nur so kann über eine der wichtigsten Fragen gesprochen werden: „Was passiert, wenn unsere Ehe scheitert". Abwegig ist das nicht, denn in Deutschland endet jede vierte Ehe, in den Metropolregionen sogar jede zweite, vor dem Scheidungsanwalt.

Mit einer Eheschließung sind weitreichende rechtliche und finanzielle Konsequenzen verbunden, die im Bürgerlichen Gesetzbuch (BGB) geregelt sind und die in den letzten Jahrzehnten immer wieder an neue Lebenswirklichkeiten angepasst wurden. Bis zum Jahr 1977 galt noch das Verschuldensprinzip. Derjenige, der für das Scheitern der Ehe verantwortlich gemacht wurde, verlor seinen Anspruch auf Unterhalt und Sorgerecht. Diese Regelung wurde 1977 abgeschafft und seither galt, dass der wirtschaftlich stärkere Partner dem wirtschaftlich Schwächeren nach dem Ehe-Aus einen Unterhalt zahlen musste, und zwar lebenslang. Dessen Höhe richtete sich vor allem nach dem Lebensstandard, der innerhalb der Ehe erreicht wurde: „Der nicht arbeitenden Unternehmergattin sollte es auch nach der Trennung vom Ehemann so gut gehen, wie zuvor". Damit gerierte sich die Ehe zu einer Vorsorgeinstitution.

Dieses Prinzip wurde 2008 abgeschafft. Seit dem ist mit dem Paragraf 1569 des Bürgerlichen Gesetzbuches festgeschrieben, dass jeder Ehegatte selbst für seinen finanziellen

Unterhalt verantwortlich ist. Für gleichberechtigte, berufstätige Partner mit eigenem Einkommen, Vermögen und einer intakten Berufslaufbahn ist diese Regelung kein Problem. Aber was ist mit den Frauen, die zugunsten der Familie ihren Beruf aufgegeben haben? Für diese Frauen hat das neue Ehegattenrecht keine Verbesserung gebracht. Im Gegenteil: Ihre Unterhaltsansprüche wurden mit dem neuen Recht deutlich reduziert.

Deshalb ist es wichtig, dass jeder Partner seine eigene Vermögensbildung betreibt, und zwar nicht nur vor, sondern auch während der Ehe. Sonst droht mit der Scheidung nicht nur ein emotionales, sondern auch ein finanzielles Fiasko.

5.1 Unterhalt

Unterhaltsrechtlich unterscheidet man drei Unterhaltsarten: Der **Familienunterhalt** entsteht in einer intakten Ehe ganz automatisch dadurch, dass beide Eheleute zum Familienleben beitragen. Entweder durch finanzielle Mittel oder durch Familienarbeit, wie Kinderbetreuung und Haushaltsführung. Sobald sich Paare trennen, wandelt sich der Familienunterhalt bis zur rechtsgültigen Scheidung in einen Anspruch auf **Trennungsunterhalt** um.

Den anschließenden dauerhaften **nachehelichen Unterhalt** gibt es seit 2008 de facto nicht mehr. Allerdings gibt es Ausnahmeregelungen, die eine Unterhaltsverpflichtung nach der Ehe auslösen. Zum Beispiel wenn Kinder zu betreuen sind, was der häufigste Fall für die Geltendmachung von Unterhalt darstellt. Doch auch hier hat der Gesetzgeber eine Grenze gesetzt: Sobald das Kind das 3. Lebensjahr vollendet hat und seinen Platz in der Kita oder im Kindergarten gefunden hat, kann sich der Unterhalt reduzieren oder gänzlich entfallen. Zu diesem Zeitpunkt kann der Zahlungspflichtige von seiner Ex-Partnerin verlangen, dass sie wieder einer beruflichen Tätigkeit nachzugehen hat. Wenn Gründe vorliegen, die eine Verlängerung des Betreuungsunterhalts rechtfertigen, zum Beispiel bei mehreren Kindern oder mangelnden Betreuungsmöglichkeiten, haben die Familiengerichte einen Ermessensspielraum.

Nachehelichen Unterhalt können auch Ehegatten fordern, die aufgrund einer Erkrankung oder ihres fortgeschrittenen Alters kaum noch eine zumutbare Arbeit finden. Auch hier prüfen die Gerichte den Einzelfall.

Eine weitere wichtige Ausnahmeregelung bildet der sogenannte **Aufstockungsunterhalt**. Dieser Anspruch kann entstehen, wenn ein Ehepartner nach der Scheidung ein deutlich geringeres Einkommen als der andere erzielt. Doch Achtung: weil diese Regelung dem Grundgedanken der Eigenverantwortung widerspricht, sind die Gerichte beim Aufstockungsunterhalt äußerst zurückhaltend. In vielen Fällen wird er deshalb nur zeitlich begrenzt zugesprochen. Das Gleiche gilt für die so genannten ehebedingten Nachteile, die einen weiteren Grund für den Aufstockungsunterhalt liefern. Wer zugunsten der Familie auf eine berufliche Karriere und damit auf eine entsprechende Einkommensentwicklung verzichtet hat, muss glaubhafte Indizien für die entgangene Karriere vorlegen. Viel sollte hier niemand erwarten. Das lebenslange „Ausquetschen" des wirtschaftlich Stärkeren wollte man mit der 2008er Reform eben auch begrenzen, damit zweite Ehen eine Chance haben.

Ein wenig aufatmen können Frauen aus sehr langen Ehen, die sich nach der Heirat ausschließlich um die Familie und den Haushalt gekümmert haben. Weil diese Frauen bei der Hochzeit von anderen Rechtsgrundlagen ausgingen und nach einer Scheidung wenig Chancen haben, in ihren erlernten Beruf wieder Fuß zu fassen, hat der Gesetzgeber im Jahr 2013 für langjährige „Hausfrauenehen" eine wichtige Anpassung vorgenommen. Diese Frauen dürfen auch künftig mit dauerhaften Unterhaltszahlungen vom Ex-Partner rechnen. Als langjährig gelten Ehen mit mindestens 20 Jahren Dauer.

5.2 Zugewinn- und Versorgungsausgleich

Zu den Scheidungsfolgen zählen auch der Versorgungs- und der Zugewinnausgleich, die von den letzten Reformen wenig betroffen waren. Wer in Deutschland ohne explizite Regelung heiratet, schließt die Ehe im gesetzlichen Güterstand der Zugewinngemeinschaft. Andere Güterstände, wie die Gütertrennung oder die seltene Gütergemeinschaft, müssen mit einem notariellen Vertrag geregelt werden.

Lassen Sie uns kurz einen Blick auf die Zugewinngemeinschaft (§ 1363 BGB; Gesetzlicher Güterstand) werfen, denn sie ist der mit Abstand verbreitetste Güterstand.

Bei der Zugewinngemeinschaft bleibt das Vermögen der Ehepartner getrennt. Wer beispielsweise eine eigene Immobilie mit in die Ehe bringt, bleibt alleiniger Eigentümer. Gleiches gilt für Kreditverbindlichkeiten und zwar auch solche, die während der Ehezeit eingegangen werden: Niemand haftet für die Schulden des anderen. Endet die Ehe durch Scheidung oder der Güterstand wechselt, muss lediglich der Vermögenszuwachs ausgeglichen werden. Beispiel: Steigt der Wert einer Immobilie, die Partner A allein gehört, während der Ehe von 1 auf 1,5 Mio. EUR, beträgt der Zugewinn 500.000 EUR. 250.000 EUR fließen als finanzieller Ausgleich an Partner B. Der Zugewinnausgleich ist ein Anspruch in Geld. Deshalb ist es sinnvoll, dass Sie vor der Ehe den Wert Ihres Vermögens (Anfangsvermögen) festhalten.

Von großer Bedeutung für Frauen, die längere Familienzeiten einlegen, ist der Versorgungsausgleich. Der Versorgungsausgleich regelt den Ausgleich der während der Ehezeit erworbenen Rentenansprüche. Die Systematik ist ähnlich dem Zugewinnausgleich. Jede Altersvorsorgemaßnahme, egal ob gesetzliche, betriebliche oder Privatrente, wird einzeln betrachtet und der Überhang geteilt. Hat der Ehemann beispielsweise einen Anspruch auf Betriebsrente, so wird für die Frau mit der Scheidung ein eigenes Altersvorsorgekonto beim Arbeitgeber des Ex-Partners eingerichtet. Bei der gesetzlichen Rentenversicherung werden Entgeltpunkte von einem auf den anderen übertragen.

Ungeachtet dessen können in Scheidungsverhandlungen individuelle Abfindungen vereinbart werden, um die Zersplitterung der Verträge zu vermeiden. Das hat zudem den Vorteil, dass Sie selbst über die inhaltliche Gestaltung Ihrer Altersvorsorge mitentscheiden können.

Lassen Sie sich in jedem Fall anwaltlich beraten, wenn eine Trennung droht. Meine Erfahrung ist, dass viele Frauen überschätzen, was ihnen nach der Scheidung zusteht.

5.3 Schatz, lass uns reden: Vertragliche Gestaltungsmöglichkeiten vermeiden den Rosenkrieg

Die beste Vorsorge sind ein eigenes Einkommen, die eigene Vermögens- und Altersvorsorgeplanung und möglichst kurze Babypausen, um den beruflichen Anschluss nicht zu verlieren. Und: ein Ehevertrag. Eheverträge sind eine Chance gleich am Anfang einer Ehe verbindliche Regelungen festzuhalten und einen für beide Seiten schmerzhaften Rosenkrieg zu vermeiden.

In meiner Beratungspraxis erlebe ich glücklicherweise immer mehr Paare, die sich mit Eheverträgen gegenseitig absichern. Insbesondere wer Kinder plant und sich im Falle einer Scheidung nicht vom Urteil des Gerichts abhängig machen möchte, ist ein Ehevertrag die einzige Möglichkeit, die zeitlich und betragsmäßig begrenzten nachehelichen Unterhaltsansprüche auszuweiten. Dabei lassen sich auch ganz individuelle Lösungen vereinbaren. Hier ein – nicht abschließender – Überblick über Gestaltungsmöglichkeiten, die Eheverträge bieten.

- Vereinbaren Sie, dass Ihr Partner Ihre **Altersvorsorge** übernimmt, wenn Sie eine klassische Rollenverteilung anstreben. Regeln Sie die Modalitäten genau (Vertragsart, Höhe) und denken Sie auch daran, dass diese Zahlungen auch nach einer Scheidung bezahlt werden (Altersvorsorgeunterhalt).
- Verlängerung des **Betreuungsunterhalts,** zum Beispiel bis das jüngste Kind das 10. Lebensjahr vollendet hat.
- Kostenübernahmen, die über den gesetzlichen Betreuungsunterhalt hinausgehen, zum Beispiel die zusätzlichen Kosten für Betreuung, Privatschulen, Vereine etc. Vereinbarungen, die das Kindeswohl gefährden, sind nicht erlaubt.
- **Anteilige (und befristete) Anrechnung des Teilzeiteinkommens** bei der Berechnung der Unterhaltsansprüche. Damit wird ein finanzieller Anreiz zum beruflichen Wiedereinstieg geschaffen, denn der Zuverdienst führt nicht zwangsläufig zur Kürzung des nachehelichen Unterhalts.
- Festlegung eines **individuellen Aufstockungsunterhalts.** Er dient dem Ausgleich ehebedingter Nachteile und sichert dem wirtschaftlich schwächeren Partner den bis dato erreichten Lebensstandard auch nach einer Trennung zu. Gestaffelte Befristungen in Abhängigkeit von der Ehezeit sind möglich.
- Vertragliche Regelungen zur **Kostenübernahme für eine Aus- und Weiterbildung.** Das ist wertvoll bei Frauen, die wegen der bevorstehenden Geburt des Kindes ihre Ausbildung abrupt beenden müssen.

> - Verzichtserklärungen für den **Versorgungsausgleich** sind weit verbreitet, sollten aber wohlüberlegt und nur gegen einen entsprechenden Ausgleich vorgenommen werden, zum Beispiel mit der Überlassung des Familienwohnheims oder einer Abfindungszahlung.
> - Individuelle Bedingungen für den **Zugewinnausgleich**: zum Beispiel Ausklammern von einzelnen Gegenständen, Erbschaften oder Unternehmen aus dem Vermögen. Zudem können sie festlegen, dass der Zugewinn als Sachwert (z. B. Aktien) statt als Barwert auszugleichen ist. Auch ein kompletter Verzicht des Zugewinnausgleichs ist möglich.

Eheverträge sollten anwaltschaftlich beraten und müssen notariell beurkundet werden, anderenfalls sind wichtige Regelungen, vor allem jene zum nachehelichen Unterhalt, unwirksam. Auch die Vereinbarung der „Modifizierte Zugewinngemeinschaft", in der Änderungen zur gesetzlichen Regelung getroffen werden, erfordert die Schriftform und die notarielle Beurkundung.

5.4 Neue Partnerschaftsmodelle

Ehe für alle

Ausgelöst durch den legendären Auftritt Angela Merkels bei einer Talkrunde der Frauenzeitschrift *Brigitte* wurde in Windeseile ein Gesetz auf den Weg gebracht, wonach Frau und Frau sowie Mann und Mann heiraten können. Seit dem 1. Oktober 2017, mit dem Inkrafttreten des geänderten Paragrafen 1353 BGB, gilt die „Ehe für alle". Nun kann die *Ehe von zwei Personen verschiedenen oder gleichen Geschlechts auf Lebenszeit geschlossen werden.*

Folglich gelten auch für diese Paare die gleichen Regelungen und Empfehlungen. Bestehende Partnerschaften nach dem Lebenspartnerschaftsgesetz können in eine Ehe umgewandelt werden.

Nichteheliche Gemeinschaft
Oder schöner: Liebesbeziehung. Wer eine Partnerschaft eingeht und sich dabei gegen eine klassische Ehe entscheidet, hat sicher seine Gründe. Solange die Beziehung noch jung ist oder zwei unabhängige, gleichberechtigte Partner mit getrennten Einkommen und Vermögen diesen Weg wählen, spricht nichts dagegen. Doch sobald Kinder ins Spiel kommen, einer der Partner zugunsten des Nachwuchses beruflich kürzer tritt oder eine Immobilie gemeinsam erworben wird, sollten Sie sich über die Vorteile einer Ehe informieren. Ansonsten ist es dringend zu empfehlen, in einem Partnerschaftsvertrag (ähnlich dem Ehevertrag, siehe oben) wichtige Regelungen zu vereinbaren. Das reicht von Altersvorsorge und Familienunterhalt während der Partnerschaft bis hin zu etwaigen Ausgleichszahlungen, Unterhaltsvereinbarungen und Vermögensaufteilungen bei einer Trennung. Einige der Vorteile die Eheleute genießen, wie etwa die Zusammenveranlagung bei der Einkommensteuer oder Steuerfreibeträge im Nachlassfall, können jedoch nicht vertraglich geregelt werden. Hier hat die Ehe die Nase vorn.

6

Aktien: Der Weg zum Wohlstand führt über die Börse

Zusammenfassung Seit die Zinsen auf einem Nullzinsniveau verharren, wächst zusammen, was zusammen gehört: Aktien und Altersvorsorge. Für den Vermögensaufbau und den -erhalt sind sie unverzichtbar. Doch nur jede fünfte Frau spricht sich selbst bei langen Anlagezeiträumen für Aktien aus. Warum das so ist, mit welchen Risiken Sie wirklich rechnen müssen und welche Chancen mit der richtigen Anlagestrategie verbunden sind, erfahren Sie in diesem Kapitel.

Frauen sparen, Männer investieren. Kommt Ihnen das bekannt vor? Auch wenn ich in den letzten Jahren die Erfahrung sammeln konnte, dass sich immer mehr Frauen für Aktien interessieren und erste Schritte (sprich Anlagen) auf dem Börsenparkett wagen, verändert sich das Anlageverhalten der Deutschen insgesamt nur mäßig. Die Deutschen sparen, aber sie sparen falsch und Frauen bilden da keine Ausnahme. Im Gegenteil: viele Frauen, das erlebe ich in meinen Beratungsgesprächen, haben über die letzten Jahre große Vermögen auf Cashkonten angesammelt und sind häufig unzufrieden, weil es sich dort nicht vermehrt.

Anfang 2018 betrug das Geldvermögen der Deutschen laut Bundesbank knapp 6 Billionen EUR – ein Rekordwert! Als ich mir die Details anschaute, fühlte ich mich bestätigt: nur knapp jeder fünfte Euro ist in Aktien und Investmentfonds angelegt, der größte Brocken liegt auf Spar- und Termineinlagen oder wird als Bargeld gehortet, wo das Vermögen faktisch nicht wächst. 2012 hat die Europäische Zentralbank (EZB) den Referenzzins für Euro-Sichteinlagen auf null festgelegt, was zum damaligen Zeitpunkt zur Stabilisierung des Euros und der Währungsgemeinschaft beigetragen hat. Im Juni 2014 ist der EZB-Referenzzins erstmals unter die Nullmarke gerutscht und seit März 2016 beträgt der maßgebliche Leitzins −0,40 %. Vom viel zitierten Zinseszinseffekt bleibt da nichts mehr übrig. Im Gegenteil: Einige Banken sind dazu übergegangen, hohe Kontoguthaben mit „Strafzinsen" zu belegen, da sie selbst auf alle Einlagenbestände Minuszinsen an die EZB zahlen müssen. Das prekäre Zinsumfeld wird noch lange anhalten, davon müssen wir ausgehen. Damit stellt sich die Frage: warum verschenken so viele Sparer ihr Geld? Und was muss geschehen, dass sich das ändert?

6.1 Wir haben es nicht so mit Aktien

Wer nach einer Antwort sucht, wird in der Hyperinflation Anfang des 20. Jahrhunderts, mehreren Währungsreformen, dem Platzen der Dotcom-Blase, der Lehman-Pleite und der weltweiten Finanzkrise fündig. Diese Ereigniskette ist fest im kollektiven Gedächtnis der Deutschen verankert. Übrigens ganz unabhängig vom Alter, Geschlecht und sozialem Background. Viele Sparer verloren Geld und bunkern seit diesem Zeitpunkt ihr Vermögen auf zinslosen Bankkonten in dem Glauben, dass es dort sicher angelegt ist. Doch abgesehen davon, dass auch Banken zahlungsunfähig werden können und Konten gefährdet sind, lauert die tatsächliche Gefahr in der schrittweisen und kaum spürbaren Abwertung des Ersparten. Selbst bei einer geringen Inflation von 1–2 % ist das bescheidene Anlageziel des Kapitalerhalts nicht erreichbar beziehungsweise droht der Verlust der Kaufkraft. Von Sicherheit kann keine Rede sein.

Deutschland ist – anders als die USA, wo jeder vierte Amerikaner sein Geld an der Börse investiert – kein Land von Aktionären. 1997 betrug der Anteil der Aktienbesitzer 11 % der deutschen Bevölkerung. Aktionärinnen kamen hingegen nur auf weniger als 7 %. Auch 20 Jahre später hat sich die Aktionärskultur in Deutschland nur mühsam weiterentwickelt. Während jetzt 9 von 100 Frauen Aktien oder Aktienfonds im Depot haben, sind es bei den Männern mit 20 % mehr als doppelt so viele. Das Anlegerinteresse an Aktien hat zwar zugenommen, aber die Kluft zwischen den Geschlechtern ist gewachsen.

Wie risikoreich sind Aktien wirklich?
Aktien werden von vielen Anlegern mit hohen Risiken, Spekulation und Verlusten in Verbindung gebracht, obwohl die Fakten eine ganz andere Sprache sprechen. So konnte der DAX, der die 30 größten börsennotierten Unternehmen Deutschlands umfasst, in den letzten 10 Jahren (01.01.2009–30.05.2019) eine Wertsteigerung von +147,4 % erzielen – trotz Euro-Krise, Dieselskandal und dem Dilemma der deutschen Großbanken, um nur einige der bekannten Konflikte zu benennen. Noch besser hat sich im gleichen Zeitraum der weltweite Aktienindex MSCI World (Euro) entwickelt, der die Kursentwicklung

der 1600 größten Unternehmen aus 23 Industrieländern widerspiegelt. Dieser brachte es zwischen dem 01.01.2009 und dem 30.05.2019 auf einen Wertzuwachs von +256,1 % (Bloomberg 2019). Im MSCI World stammen 60 % der Unternehmen aus den USA, was die Vormachtstellung der amerikanischen Börse unterstreicht. Die zweitgrößte Region belegt mit rund 30 % Europa und die restlichen 10 % bilden japanische Aktien. Unternehmen der Schwellenländer (Emerging Markets) finden sich nicht im MSCI World.

Doch so überzeugend diese Renditen auch sind, wer wenig Vertrauen in Aktien, Börsen und vielleicht auch in das Wirtschafts- und Finanzsystem ganz generell hat, argumentiert seine ablehnende Haltung mit den großen Börsencrashs der letzten Jahre. Und von denen gab es seit 2008 gleich drei.

Die Krisen der vergangenen Jahre sind weitestgehend ausgestanden

Subprime-Krise 2008 führte die Krise am US-amerikanischen Hypothekenmarkt, wo hohe Kredite an Kunden mit schlechter Bonität vergeben wurden und die anschließend als strukturierte Geldanlagen (Subprimes) an Anleger vertrieben wurden zur Pleite der New Yorker Investmentbank Lehman Bros. Es kam zu einer Kettenreaktion, die das global vernetzte Bankensystem destabilisierte und eine weltweite Finanzkrise auslöste. Damals kämpfte Deutschland mit Rezession und hoher Arbeitslosigkeit. Der deutsche Aktienindex verlor in diesem Jahr mehr als −40 % seines Wertes. Bis auf 2002 (US-Bilanzskandale, Jahr nach 9/11) hatte der DAX niemals mehr verloren. Ein rabenschwarzes Jahr in der langen und erfolgsverwöhnten Geschichte der deutschen Aktien.

Euro-Schuldenkrise 2011 verlor der DAX −14,7 %. Das Jahr gilt als Höhepunkt der Euro-Schuldenkrise, die zwei Hauptakteure hatte. Auf der einen Seite die südeuropäischen Länder und Peripheriestaaten, wie Griechenland, Irland und Island – allesamt hochverschuldet und dem Bankrott nahe. Und auf der anderen Seite die Europäische Zentralbank (EZB), die die Krise mit einem Rettungsschirm aus Milliardenkrediten, Schuldenerlass und den berühmten Anleihekaufprogramm (Quantitative Easing) eindämmen konnte. Das führte zu einer deutlichen Senkung der Zinsen in Europa und damit zu einer Reduzierung der Zinslast bei den hochverschuldeten Ländern. Im Folgejahr fielen die legendären Worte Mario Draghis, wonach er alles tun werde, um den Euro zu retten und Vertrauen zu schaffen: *Whatever it takes*. Es war ein Versprechen für alle Gläubiger europäischer Staatsanleihen, die fortan nicht um ihr Geld bangen müssen, denn im Zweifel würde die EZB einspringen. Einige Kritiker warfen dem EZB-Präsidenten vor, er wolle eine europäische Schuldengemeinschaft herbeiführen. Seine Befürworter sehen das anders. Denn trotz aller erlaubten Zweifel konnte die Stabilität des Europäischen Finanzhauses sichergesellt werden. Spanien und Portugal beispielsweise sind Reformen angegangen und haben den Weg ins Wachstum zurückgefunden.

Handelskonflikt Das letzte Krisenjahr 2018 war von der Sorge überschattet, dass sich das bis dahin stabile weltweite Wirtschaftswachstum nicht nur abkühlt, sondern eine globale Rezession bevorsteht. Auslöser waren die handelspolitischen Querelen zwischen den großen Machtzentren USA, Europa und China, die auf die Stimmung drückten. Europa kämpft zudem mit einer hausgemachten Stagnation, die immer offensichtlicher wird: wir sind politisch in vielen Fragen uneins und verlieren zunehmend den Anschluss auf wichtigen Zukunftsfeldern. Siemens-Chef Joe Kaeser äußerte sich in seiner Rede auf dem CDU-Wirtschaftstag Anfang Juni 2019 so: „Europa war gestern, Amerika ist heute, Asien ist morgen. Das werden und das dürfen wir nicht zulassen". Als Ende 2018 die Umfragewerte bei Unternehmen und

Verbraucher sanken, gingen rund um den Globus die Börsen auf Talfahrt. Es war ein Ausnahmejahr, in dem keiner der großen Aktienmärkte einen Gewinn verzeichnete und die Aktienkurse der größten deutschen Unternehmen um mehr als 18 % einbrachen. Von den 30 Titeln des DAX schlossen 22 im Minus, davon 15 mit einem Jahresverlust von mehr als −20 %.

6.2 Eine Welt ohne Zinsen – vorstellbar?

Die letzten Jahrzehnte waren von fallenden Zinsen geprägt. Nicht nur in Deutschland, sondern weltweit befinden sich die Kapitalmarktzinsen auf einem historisch niedrigen Niveau. Die Gründe dafür sind vielfältig, einer davon ist die Politik der Notenbanken, wie ich zuvor erläutert habe. Zwischen 2008 und August 2019 fiel die Verzinsung 10-jähriger Bundesanleihen von 4,6 % in der Spitze auf −0,70 %. Der tiefste Stand, den es jemals gab.

Während in den USA dank eines dynamischen Wirtschaftswachstums und des homogenen Währungsraums der amerikanische Leitzins zwischenzeitlich bei 2,25 % liegt, ist in Deutschland und Europa eine Zinswende nicht in Sicht. Wer sich eine Welt ohne Zinsen nicht vorstellen kann, braucht nur nach Japan zu schauen, wo es seit unglaublichen 20 Jahren für Sparer so gut wie keinen Sparzins mehr gibt. Experten sagen der Eurozone eine „Japanisierung" voraus.

Der Leidtragende ist der Kleinstsparer hierzulande, der mit Minizinsen auf Spareinlagen keine Vermögensmehrung erzielt und anspruchsvolle Anlageziele verfehlt. Der vielzitierte Zinseszinseffekt, wonach sich angelegtes Geld in einem Zeitraum von 20, 30 Jahren verdoppelt, verpufft. Bei einem Zinssatz von beispielsweise 0,3 % braucht es rechnerisch 230 Jahre, bis dieses Ziel erreicht wäre.

Festverzinsliche Wertpapiere, die auch als Anleihen, Renten, Obligationen bezeichnet werden, kann ich deshalb kaum empfehlen. Unter festverzinslichen Wertpapieren versteht man üblicherweise alle Arten von festverzinslichen Gläubigerpapieren, wie Staatsanleihen, Pfandbriefe oder auch Bankschuldverschreibungen. Das Modell ist einfach: Der Anleger (Gläubiger) leiht einem Staat, Unternehmen oder einem anderen Schuldner für einen meist befristeten Zeitraum Geld. Dafür erhält er jährlich einen Zins und am Ende der Laufzeit sein Geld zurück. Dieses zuverlässig planbare System aus einerseits Geldanlage für den Investor und andererseits Kapitalbeschaffung für den Gläubiger hat über viele Jahrzehnte gut funktioniert. Für Anleger waren dabei die 1980er Jahre besonders lukrativ, als deutsche Bundesanleihen 10 % Zinsen und mehr abwarfen. In einem ausgewogen strukturierten Portfolio sorgten die Anleihen für Stabilität.

Durch die fallenden Zinsen haben sich festverzinsliche Anleihen guter Bonität während ihrer Laufzeit meist sehr positiv entwickelt. Denn jede Alt-Anleihe, die noch mit hohen Zinsen ausgestattet war, wurde stärker nachgefragt als nachfolgende Anleihen mit geringeren Zinsen. Folglich stieg der Kurs der Alt-Anleihe und bescherte Rentenfonds gute Wertentwicklungen.

In Anleihen anlegen heißt, „mit Sicherheit Verluste" einfahren

Dieser Mechanismus greift auch umgekehrt, was zur Folge hat, dass bei einem Zinsanstieg bestehende Anleihen Kursverluste erleiden. Denn die neu herausgegebenen, höher verzinsten Anleihen sind attraktiver als die alten, die unter Verkaufsdruck stehen und deren Kurse fallen. Schon ein

Zinsanstieg von 0,5 %-Punkten bei einer Anleihe mit einer Kapitalbindungsdauer (Duration) von 6 Jahren hat einen rechnerischen Kursverlust von 3 % zur Folge (Allianz Global Investors 2019).

Für Anleihen-Anleger identifiziere ich im aktuellen Niedrigzinsumfeld gleich drei potenzielle Gefahrenherde:

Gefahr Nummer 1: Kaufkraftverlust bei langen Laufzeiten. Geld, das mit der aktuell geringen Verzinsung in langen Laufzeiten angelegt wird, ist über viele Jahre blockiert und verliert währenddessen an Kaufkraft. Steigen die Zinsen und ein Anleger ist gezwungen zu verkaufen, wird er Verluste realisieren müssen. Vermeidbar ist das nur, wenn die Anleihe bis zum Ende der emissionsbedingten Laufzeit gehalten wird. Denn erstklassige Anleihen – egal wie hoch deren Zinssatz ist – werden zum Ablauf mit dem Nominalwert von 100 % zurückbezahlt.

Gefahr Nummer 2: Anleger blenden die Qualität des Schuldners aus, um von hohen Zinsen zu profitieren. Bei soliden Schuldnern, wie es die Bundesrepublik Deutschland, Frankreich oder die USA sind, gibt es an der vollständigen Rückzahlung zum Laufzeitende keine Zweifel. Deshalb brauchen zuverlässige Schuldner nur sehr geringe Zinsen zahlen, denn der Zinssatz spiegelt auch die Bonität des Schuldners (Emittenten) wider. Die Bonität ist der Maßstab für die Zahlungsfähigkeit und den Zahlungswillen eines Schuldners.

Schlechte Schuldner, die in finanziellen Schwierigkeiten stecken, müssen deshalb mit höheren Zinsen locken, um sich am Kapitalmarkt refinanzieren zu können (Risikoprämie). Ich warne ausdrücklich vor diesen Geldanlage-Abenteuern, denn das Chance-Risiko-Verhältnis ist asymmetrisch: der Chance auf den höheren Zinssatz, steht das Risiko des vollständigen Kapitalverlustes gegenüber. Es gibt eine lange Liste von Schuldnern, die in Zahlungsschwierigkeiten steckten oder deren Anleihen nicht zurückbezahlt wurden.

Prominente Beispiele sind das Modelabel Rene Lezard, das Technologie-Unternehmen Solar Millennium und Krisenstaaten wie Venezuela oder Griechenland. Sie alle verbindet, dass ihre Anleihen mit Zinssätzen ausgestattet waren, die um ein Vielfaches über den Marktzins lagen. Sehr gute Schuldner erkennt man an den Bonitätsnoten (Ratingcodes) AAA bis BBB-, wie sie vom Analysehaus Standard&Poors festgelegt wurden und als *Investment grade* bezeichnet werden. Andere Analysehäuser folgen ähnlicher Benotungssystematik.

Gefahr Nummer 3: Anleger lassen sich zu renditeversprechenden Konstruktionen im Anleihebereich verlocken und verkennen die versteckten Risiken. Ein typischer Vertreter sind die Aktienanleihen. Sie versprechen Zinssätze von 6, 8 auch 15 % in Verbindung mit einer zugrunde liegenden Aktie. Dazu muss man verstehen, was eine Aktienanleihe ist. Vom Grundsatz her handelt es sich nämlich um ein Termingeschäft (Verkauf einer Put-Option). Die Bank, die die Aktienanleihe zumeist in der Rechtsform eines Zertifikats emittiert, verpflichtet sich zur Zahlung eines garantierten Zinssatzes, macht jedoch die Rückzahlung des angelegtes Geldes von der Entwicklung der zugrunde liegenden Aktie (Basiswert) abhängig.

> **Beispiel**
>
> Sie kaufen eine Aktienanleihe der Unicredit (Emittent) mit einer Laufzeit von einem Jahr auf die Deutsche Telekom AG (Basiswert). Der Basispreis für die Telekom beträgt 12 EUR, die Verzinsung liegt bei attraktiven 10 %. Es ergeben sich diese Szenarien:
>
> - Liegt die Aktie nach einem Jahr **über** 12 EUR, bekommen Sie Ihr Geld zurück und 10 % Zinsen dazu.
> - Liegt der Kurs der Telekom **unter** 12 EUR, bekommen Sie Telekom-Aktien ins Depot gebucht. Wenn diese während der 1-jährigen Laufzeit um mehr als 10 % fallen,

> machen Sie einen effektiven Verlust. Das kann schnell passieren, wie das Jahr 2018 gezeigt hat.
> - Steigt der Kurs der Telekom-Aktien hingegen sehr deutlich (>10 %), geht dieser Erfolg komplett am Ableger vorbei, denn mehr als der Zins ist nicht drin. Ein Direktinvestment wäre besser gewesen.

Auch Aktienanleihen weisen also ein asymmetrisches Chance-Risiko-Verhältnis aus: der höchstmögliche Ertrag ist der Zinssatz, während das Verlustpotenzial bis zur kompletten Anlagesumme gehen kann. Ein besseres Chance-Risiko-Verhältnis weisen Aktien auf: Dem Risiko des Kapitaleinsatzes steht die Chance auf unbegrenzten Kursgewinn gegenüber. Aktien sind deshalb das interessanteste Anlageprodukt für die liquide Vermögensanlage und für die Altersvorsorge unverzichtbar.

6.3 Was passiert auf dem Marktplatz Börse?

Was kann Sie motivieren, in Aktien anzulegen? Es ist die Aussicht auf Teilhabe am Erfolg von starken Unternehmen, innovativen Branchen und stabilen Volkswirtschaften. Neu ist diese Erkenntnis natürlich nicht, aber seit Zinsen als ernstzunehmende Ertragsquelle nicht mehr existent sind, wird den Aktien eine Schlüsselrolle bei der Vermögensbildung zuteil. Die durchschnittliche jährliche Performance des Weltaktienindex MSCI World (Euro) liegt seit 01.01.2009 bei 11 % (Bloomberg 2019, Stand 30.05.2019). Das ist ein überzeugendes Argument, finden Sie nicht? Doch Aktien sind keine Selbstläufer und die Renditebetrachtung im Rückspiegel ist nur bedingt hilfreich. Dazu später mehr.

Mit Aktien werden Sie zur Mitinhaberin des Gesellschaftsvermögens (Aktienkapitals) einer Aktiengesellschaft. Sie haben Mitspracherechte auf der Hauptversammlung und nehmen am Erfolg des Unternehmens teil.

Jedes Aktiengeschäft, das an der Börse abgewickelt wird, ist der Konsens zwischen zwei Meinungen: Der eine kauft, weil er glaubt, der Kurs der Aktie geht nach oben, der andere verkauft, weil er annimmt, dass Kursverluste bevorstehen. Käufer und Verkäufer agieren auf Basis derselben Ereignisse, Daten und Fakten, interpretieren sie aber komplett unterschiedlich.

Die Kursentwicklung von Aktien wird im Wesentlichen von drei Faktoren beeinflusst: Dem ökonomischen Umfeld (Makrodaten), den Unternehmensdaten (Value) und der allgemeinen Stimmungslage (Sentiment) der Anleger.

6.3.1 Makro – die Welt in der wir leben

Die Notenbanken zählen zu den wichtigsten Marktteilnehmern. Ihre Entscheidungen zur Geldpolitik und Zinsentwicklung führen in aller Regel zu unmittelbaren Reaktionen an der Börse, die jedoch auch unterschiedlich ausfallen können. Mal wird ein niedriger Leitzins als positiver Stimulus für die Aktienmärkte betrachtet, wo mangels Zinsalternativen viel Geld an die Börsen fließt und zu steigenden Kursen führt. Ein anderes Mal werden niedrige Leitzinsen als Beleg für schwächelndes Wachstum interpretiert. Schließlich soll der Niedrigzins zu mehr Investitionen führen. Auch die Inflationszahlen und die Fiskalpolitik, die zu den Makrodaten zählen, haben einen Einfluss auf die Finanzmärkte. Als US-Präsident Donald Trump in seinem ersten Amtsjahr mit einer großen Unternehmenssteuerreform die amerikanischen Unternehmen massiv entlastete, entfachte er bereits mit der Ankündigung ein wahres Kursfeuerwerk an den Börsen.

6.3.2 Value – die Unternehmensfakten

Adidas oder Under Armour? Apple oder Samsung? Neben dem Umsatzwachstum und der Gewinndynamik spielt das Bewertungsniveau, also ob eine Aktie als teuer oder preiswert beurteilt wird und damit noch ausreichend Kurspotenzial hat, eine wichtige Rolle. Der Maßstab für das Bewertungsniveau ist das *Kurs-Gewinn-Verhältnis,* kurz KGV. Diese Kennziffer stellt das Verhältnis des geschätzten, erwarteten Unternehmensgewinns je Aktie zum aktuellen Börsenkurs dar. Je niedriger, desto günstiger ist die Aktie und damit in aller Regel ein lohnenswerter Kauf. Sehr hohe KGVs deuten darauf hin, dass die Aktie nur noch wenig Kurspotenzial hat. Der DAX weist zurzeit ein KGV von 15,8 aus, die amerikanische Technologiebörse NASDAQ kommt auf 22,8 (Bloomberg 2019, Stand 30.05.2019). Doch die schlichte Schlussfolgerung, jetzt deutsche Aktien den amerikanischen vorzuziehen, weil das KGV niedriger ist, lässt sich so allein nicht ableiten.

Werfen wir einen Blick zurück auf das Jahr 2015. Damals wies Amazon (USA) ein astronomisches KGV von 512 auf, das amerikanische IT-Unternehmen Adobe kam auf 76. Toyota (Japan) und IBM (USA) waren dagegen mit KGVs von 9 wahre Schnäppchen. Doch nicht die günstigsten Aktien machten das Rennen, sondern die teuren: der Kurs von Adobe hat sich seitdem verdreifacht und der von Amazon sogar versechsfacht, während Toyota und IBM auf der Stelle stehen (Stand Mai 2019). Das vergleichsweise attraktive Bewertungsniveau führte den Käufer in die Sackgasse. Während die günstigen Unternehmen (geringes KGV) an alten Geschäftsmodellen hingen und den Anschluss verpassten, besetzten die Unternehmen mit den hohen KGVs innovative Zukunftsthemen (u. a. E-Commerce, Digitalisierung, Marktführerschaft). Genau das wurde von der Börse honoriert.

Ungeachtet dessen können Aktien unterschiedlicher Branchen auf unterschiedlichen Bewertungsniveaus liegen, was sie nicht miteinander vergleichbar macht und wenig über ihre Attraktivität aussagt. Das KGV ist eben nur ein Indikator unter vielen.

Eine weitere Kennzahl ist die *Dividende*, die neben möglichen Kursgewinnen die zweite Ertragsquelle bei der Aktienanlage bildet. Unternehmen die Gewinne erzielen, schütten Teile davon in Form einer Bardividende an die Aktionäre aus. Je höher diese Ausschüttung, desto größer ist die sogenannte Dividendenrendite, die das Verhältnis der Dividende zum *aktuellen* Börsenkurs ausdrückt. Die Dividendenrendite ist deshalb auch nur eine Momentaufnahme und als Entscheidungskriterium für eine Investition nur eines von vielen. Denn nicht jedes Unternehmen, das keine Dividenden ausschüttet ist damit ein schlechtes Unternehmen. Insbesondere die Wachstumswerte der Technologiebranche verzichten häufig auf Ausschüttungen, um ihr Wachstum zu finanzieren, wie das beispielsweise Alphabet (ehem. Google) und Facebook über viele Jahre taten und noch immer tun.

Umgekehrt bedeuten zuverlässige Dividendenzahlungen nicht automatisch, dass sich auch der Aktienkurs gut entwickelt. Wer 2015 in die damaligen Dividendenstars Telefónica (Spanien) und den französischen Versorger ENGIE investierte, konnte zwar deren Ausschüttungen kassieren, hatte aber an der Kursentwicklung wenig Freude.

Weitere wichtige Kennzahlen bei der Aktienbewertung sind der Cashflow und das Kurs-Umsatz-Verhältnis, auf die ich hier aber nicht weiter eingehe.

6.3.3 Sentiment – die Stimmung

Das Sentiment kann mit Stimmung übersetzt werden und komplettiert die Liste der für mich wichtigsten Einflussfaktoren für die Aktienauswahl. Erinnern Sie sich noch an die ersten Wochen des Jahres 2019? Die negativen Schlagzeilen nahmen nach dem Crashjahr 2018 kein Ende, dazu herrschte Ungewissheit, wie es mit dem Brexit und dem Zollstreit zwischen den USA und China weitergeht. Auch einige negative Unternehmensereignisse wie der Vorwurf von Bilanzmanipulationen bei Wirecard und die Gewinnwarnung bei Apple, drückten auf die Kauflaune. Die Stimmung der Anleger war am Boden, doch die Börsen stiegen. Was ist da geschehen?

In einer sehr negativen Stimmungslage kann man davon ausgehen, dass nur noch wenige Anleger investiert sind und damit das Abwärtspotenzial weitestgehend ausgeschöpft ist. Das lockt neue Investoren an. Mit Frühindikatoren, wie dem Put/Call-Ratio und dem Momentum kann ermittelt werden, ob sich aus einer Stimmung ein Trend entwickelt oder ob sich dieser bereits in seinem Endstadium befindet und eine Trendwende bevorsteht.

Bei großem Optimismus gilt übrigens umkehrt, dass alle Anleger schon investiert sind und die Nachfrage nachlässt. Gefährlich wird es, wenn sich der Optimismus zu einer Euphorie ausbreitet, in der sämtliche Bewertungskennziffern ausgeblendet werden und jeder Anleger sich als neuer Warren Buffet versteht. Man spricht dann von einer Milchmädchenhausse, die meist ein jähes Ende findet. Denn wenn auch der letzte investiert ist, gibt es quasi keine potenziell neuen Käufer und es ist eine unmittelbare Kurskorrektur zu befürchten.

Als weitere Sentimentindikatoren möchte ich beispielhaft den ifo-Geschäftsklimaindex nennen, der auf regelmäßigen Befragungen namhafter deutscher Unternehmen basiert, sowie den Consumer Confidence Index (CCI), der die Stimmung der privaten Konsumenten in den USA misst. Das ist nur eine kleine Auswahl der zahlreichen Indikatoren und Kennziffern, mit denen gemessen wird, wie die Fakten am Markt ankommen und interpretiert werden.

Makro, Value oder Sentiment? Wer liefert die zuverlässigsten Kauf- und Verkaufssignale? Die letzten Jahre haben gezeigt, dass der Einfluss der Indikatoren in unterschiedlichen Marktphasen variiert, was die Aktienanlage nicht einfacher macht. Im Gegenteil: Angesichts der Fülle nach Nachrichten und Kennzahlen wird es für Privatanleger und auch Fondsmanager immer herausfordernder, die richtigen Schlüsse für die Anlageentscheidung zu ziehen. Denn mal legen die Investoren mehr Wert auf solide Unternehmenskennzahlen, ein anderes Mal spielen diese gar keine Rolle, wenn sich die Anleger beispielsweise vor einer geopolitischen Auseinandersetzung sorgen.

Immer mehr professionelle Fondsmanager bedienen sich deshalb künstlicher Intelligenz, bei der Algorithmen unzählige Vergleichsrechnungen anstellen, Wahrscheinlichkeiten bewerten und die frei von Emotionen ist (PEH Wertpapier AG).

6.4 Das Risiko oder die Illusion, dass man nur in den Markt investieren muss

Natürlich gibt es Risiken und niemand sollte sie verdrängen. Die Welt befindet sich in weiten Teilen in einer Neuordnung, die Verschuldung liegt rund um den Globus auf einem Rekordniveau und als wenn das nicht ausreicht, deutet sich eine Verlangsamung des Wachstums der wichtigsten Volkswirtschaften an. Doch das sind keine neuen Erkenntnisse, sie sind vielmehr Normalität und ein fester Bestandteil des globalen Wirtschaftsgeschehens.

Risiko bedeutet für jeden etwas anderes: die meisten Anlegerinnen fürchten den Totalverlust, anderen wiederum bereiten schon kleinste Wertschwankungen Unbehagen. Nicht jederzeit Zugriff auf das angelegte Kapital zu haben, empfinden wiederum andere Anlegerinnen als beklemmend. Wie können Sie also Risiko erkennen, Ihre Bereitschaft dazu exakter definieren und Risiken vermeiden?

Die Finanzwissenschaft hält für die Risikodefinition ein Bündel an Kennzahlen und Begriffen bereit, unter anderem die **Volatilität.** Die Volatilität ist die Messgröße für die Schwankungsbreite eines Wertpapiers, einer Währung oder eines Index in einer Betrachtungsperiode. Je höher die Volatilität, desto stärker schwankt der Kurs und in der Folge auch das angelegte Vermögen. Risikolose Tagesgelder haben eine Volatilität von Null, während sich die amerikanischer Technologieunternehmen in einem Korridor zwischen 7 und 36 bewegt. Tagesgeld wird mit Null verzinst, die 100 größten Unternehmen an der NASDAQ haben sind in den letzten 3 Jahren um +60 % gestiegen. Diese Gegenüberstellung verdeutlicht, dass Risiko und Chance eng beieinander liegen oder anders ausgedrückt: nur wer wagt, gewinnt.

Viel mehr Aussagekraft hat aus meiner Sicht der **maximale Drawdown.** Das ist der Verlust, der sich zwischen einem Höchststand und dem darauffolgenden Tiefstand ergibt. Das folgende Beispiel verdeutlicht die Brisanz, die sich ergibt: 2018 kommt der DAX auf einen Jahresverlust von −18 %. Gleichzeitig schwankte der Index zwischen +5 % (Januar 2018) und −20 % im Dezember. Ein Anleger, der zum Jahreshöchstkurs eingestiegen ist, sieht sich am schlechtesten Tag des Jahres einem Verlust von −25 % gegenüber. Wer gezwungen ist, zu diesem Zeitpunkt über das angelegte Geld zu verfügen, hat zwangsläufig das Nachsehen. Verluststrecken wie diese sind übrigens keine Seltenheit:

Nach dem Platzen der Dotcom-Blase 2000 verlor der DAX in 3 Jahren mehr als 73 % seines Wertes. Als die Börsen im März 2003 ihren Boden gefunden haben und drehten, gingen fast weitere 5 Jahre ins Land, bis der DAX

2007 wieder das anfängliche Niveau aus dem Jahr 2000 erreicht hat. Ein passiver ETF-Investor musste also fast 8 Jahre warten, bis er wieder sein ursprünglich angelegtes Vermögen erreicht hat. Eine ähnliche Situation gab es nach der Finanzkrise im Zuge der Lehman-Pleite: Von Anfang 2008 bis Mitte 2009 verlor der DAX rund 56 %. Erst 2013, also 5 Jahre später, wurden die Verluste wettgemacht. Passive Indexfonds (ETFs) bilden derartige Verluststrecken 1:1 ab. Siehe auch Abschn. 6.6 *„Aktives Management schlägt passives Investieren"*.

Zweifel an den „Alleskönnern"
Ich melde daher meine Zweifel an, wenn gern und oft behauptet wird, dass passives Investieren die besseren Anlageergebnisse liefert. Wer so argumentiert lässt sich auf die Vorstellung ein, dass die Welt in der Zukunft sich nicht wesentlich verändert und die kommenden Jahre nur eine Fortsetzung der Vergangenheit sind. Glauben Sie das wirklich? Das hätten sich vielleicht auch die Anleger fragen sollen, die vor 30 Jahren in Japan investierten. Ende 1989 erreichte der japanische Aktienindex Nikkei seinen höchsten Stand, nachdem er sich in den zehn Jahren zuvor versechsfacht hatte. Doch dann platze die Japan-Blase, die Aktien rauschten in den Keller und der alte Höchststand wurde seither nie wieder erreicht. Noch heute notiert der Nikkei 45 % unter seinem alten Höchststand. Die gute Performance im Rückspiegel ist für Anleger nur ein schwacher Trost.

Risiken ändern sich im Zeitablauf und Durchhalte-Parolen sind aus meiner Erfahrung keine Option. Nur wenige Anleger können und wollen derart langjährige Verluststrecken aussitzen. Es erfordert viel Disziplin und Standhaftigkeit, die nicht in allen Lebensphasen aufrechterhalten werden kann. Zum Kummer über das Minus im Depot stellt sich Reue über die Anlageentscheidung ein ("hätte ich doch nur alles auf dem Sparbuch gelassen") und es breitet sich der Drang aus, alles zu verkaufen. Da hilft auch der Kostenvorteil, mit dem die ETFs punkten, nur wenig. Es ist eine Illusion, dass passives Investieren immer die besten Ergebnisse liefert.

6.5 Streuung, aber richtig

Das Verlust- und Schwankungsrisiko kann mit einer ausreichenden Streuung (Diversifikation) vermieden werden. In die Gefahr eines Totalverlustes begeben sich vor allem Anlegerinnen, die alles auf eine Karte, sprich eine Aktie, setzen. Ein Totalverlust eines breit gestreuten Investmentfonds ist theoretisch denkbar, praktisch aber unmöglich. Denn dann müssten wirklich alle Unternehmen, dessen Aktien im Fonds gehalten werden, insolvent werden. Das ist kaum vorstellbar.

Die Verteilung auf zahlreiche verschiedene Anlagen ist Kern der von Harry M. Markowitz begründeten Modernen Portfoliotheorie, die in den 1950er Jahren entwickelt und 1990 mit dem Nobelpreis ausgezeichnet wurde. Investments aus verschiedenen Unternehmen, Regionen und Branchen in einem Portfolio verhalten sich dann so zueinander, dass die Verlustrisiken der einen Geldanlage mit den guten Ergebnissen der anderen ausgeglichen werden. Man bezeichnet dieses Beziehungsgeflecht auch als Korrelation. Gut funktioniert hat es im Anlagejahr 2016: während europäische Aktien unter dem Einfluss der Italien-Krise und des britischen Referendums zum Brexit bald 3 % verloren (Stoxx Europe 50), gewann der US-amerikanische Dow Jones Aktienindex 13 %. Doch so gut läuft es bekanntlich nicht immer, siehe 2018.

Die Geschwindigkeit von gesellschaftlichen und technischen Veränderungen hat rasant zugenommen, die

Anzahl der handelbaren Wertpapiere hat sich vervielfacht und die Finanzmärkte sind rund um den Globus miteinander vernetzt. Die Konsequenz: Die Finanzmärkte laufen zunehmend parallel, was dazu führt, dass eine statische Verteilung auf die großen Wirtschaftsräume Europa, Japan, USA und auch China nicht automatisch dazu führt, dass Risiken ausgeschaltet werden.

Mit zu viel Streuung kann man übrigens auch den gegenläufigen Effekt erreichen. Ab dem 50. Titel nehmen die Vorteile der Streuung signifikant ab und am Ende entwickelt sich das Depot nur wie der Markt.

Daraus folgen zwei Erkenntnisse:

1. Streuung auf verschiedene Geldanlagen im Depot ist gut und richtig, das Risiko bändigen kann aber nur der, der den Schalter zwischen ON (Investiert sein) und OFF (keine Aktien) umlegt.
2. Streuung nach dem Gießkannenprinzip – *hier ein bisschen Europa, da etwas Schwellenländer, ach ja … und Rohstoffe und Schweizer Aktien gibt es auch noch* – hat wenig Aussicht auf Mehrertrag. Besser wäre es also, nur in die vermeintlich besten Aktien, Branchen und Regionen zu investieren. Also eine Konzentration in der Diversifikation.

> **Was es grundsätzlich bei der Aktienanlage zu beachten gilt**
> 1. Aktien sind ein Langfristinvestment, dass auch Geduld und Durchhaltevermögen erfordert. Je länger der Anlagezeitraum, desto weniger besteht die Gefahr, dass Verluste entstehen. Wer also genügend Zeit hat und sein Vermögen nicht auf den schnellen Abruf anlegt, kann auch mit Kursrückgängen entspannt begegnen, vorausgesetzt man investiert in die richtigen Unternehmen.

2. Zeitweilige Vermögensschwankungen gehören zum Wesen der Aktienanlage dazu und sind zunächst einmal kein Grund, nervös zu werden. Sie können mit einer diversifizierten Vermögensstruktur gemildert, aber nicht gänzlich ausgeschaltet werden.
3. Begrenzen Sie Ihren maximalen Aktienanteil und betrachten bei der Entscheidung, wie viel Sie in Aktien anlegen, Ihr gesamtes Vermögen. Man spricht von der finanziellen Tragfähigkeit. Wer über eine gute und solide Altersvorsorge verfügt, Immobilienbesitzer ist und auch noch liquidem Spielraum für kurzfristige und ungeplante Ausgaben hat, kann und sollte ruhig großzügig in Aktien investieren. Das ist hilfreicher als die oft zitierte Faustregel *Aktienquote = 100 minus Alter.* Warum darf eine vermögende Frau mit 60, die Spaß am Börsengeschehen hat, nur noch zu 40 % in Aktien investieren? Und warum sollte die junge Berufseinsteigerin, die keinerlei Rücklagen hat, ein Risiko eingehen, womit sie sich nicht wohlfühlt?

6.6 Aktives Management schlägt passives Investieren

Aktives Anlagemanagement musste in den vergangenen Jahren einige Kritik einstecken. Im Kern geht es immer um die Frage, ob Vermögensverwaltungen und aktive Investmentstrategien/–fonds besser sind als die passiven Indexfonds (ETFs) und ob sie die höheren Managementgebühren rechtfertigen. Der Diskurs darüber ist so alt, wie das Thema selbst, seit es ETFs in Deutschland gibt. Für die einen sind ETFs die beste Geldanlage schlechthin, die anderen sehen darin ein dummes und seelenloses, weil automatisches und standardisiertes Finanzmarktprodukt.

Der Reihe nach: ETF steht für Exchange Traded Fund (Indexfonds). Diese Fonds decken sich 1:1 mit einem zugrunde liegenden Index, einer Währung, einem Rohstoff oder einem speziell zusammengestellten Korb verschiedener Finanzanlagen, z. B. alle Aktien aus dem europäischen Pharma- und Gesundheitssektor. Dazu kaufen die Fondsgesellschaften entweder direkt die entsprechenden Aktien oder bilden den Indexverlauf über sogenannte Derivate (Swap-Geschäfte) ab. Für den Anleger macht es im Grunde genommen keinen Unterschied, ob er das physische oder das synthetische ETF wählt, allerdings bevorzugen viele Anleger die Variante mit den realen Aktien im Indexfonds.

Weil ETFs keinen Fondsmanager brauchen, weisen sie im Vergleich zu den aktiv gemanagten Fonds geringere Kosten aus. Das und die hohe Transparenz sind die Gründe, warum ETFs immer stärker nachgefragt und seitens Verbraucherzentralen und Finanzmedien auch für Laien empfohlen werden. Im Durchschnitt liegt die jährliche Kostenquote der ETFs zwischen 0,2 und 0,5 %, während aktiv gemanagte Anlagestrategien auf Kosten zwischen 1,5 und 2 % kommen. Sie umfassen nicht nur das Salär für den Manager, sondern auch Transaktions- und Absicherungskosten sowie Börsenspesen. Doch die Kosten sind nur die halbe Wahrheit, interessanter sind für mich Ertrag und Risiko.

Ein ETF auf den EuroStoxx 50 entwickelt sich so, wie die Aktien der 50 größten Unternehmen der Eurozone. Nicht besser, nicht schlechter. Solange Aktienmärkte steigen, mögen die passiven Investments eine gute Anlage sein, doch wenn sich Marktbedingungen verändern und die Börsenkurse fallen, rauschen die ETFs mit dem Gesamtmarkt auf Talfahrt (siehe Abschn. 6.4 *„Das Risiko oder die Illusion, dass man nur in den Markt investieren muss"*). In diesen Phasen spielt es keine Rolle, ob das ETF günstig war oder nicht: der Verlust wiegt schwerer als die erzielte Kostenersparnis. Exemplarisch ist für mich das Jahr 2018, das für ETF-Investoren mit hohen Verlusten in Erinnerung bleiben wird. Die meisten aktiven Fondsmanager schnitten in dem schwierigen Jahr sehr viel besser ab, einige von ihnen erzielten sogar positive Renditen.

Der Grund ist die Möglichkeit, ins Portfolio einzugreifen. Fondsmanager beobachten fortlaufend die Finanzmärkte, und zunehmend auch unter Einbindung künstlicher Intelligenz. Der Anspruch des Fondsmanagers ist es, besser zu sein als der Markt – und zwar „in guten wie auch in schlechten Zeiten". Sie suchen nach jenen Unternehmen, die durch ihre Marktstellung oder ihre Gewinndynamik hervorstechen und deren Aktien eine überdurchschnittliche Kursentwicklung erwarten lassen. Alpha nennt man diesen Teil der Performance, der nicht allein aus der Marktbewegung, sondern aus der gezielten Aktienwahl rührt. Je höher das Alpha, desto besser schneidet der Fonds im Vergleich zu seinem Vergleichsindex ab. Allerdings gelingt nicht jedem Fondsmanager oder Vermögensverwalter eine beständige Outperformance (Mehr-Ertrag) zum Markt.

Im Anlagejahr 2018 konnte man mit US-amerikanischen Aktien und Aktien aus dem Technologiesektor (Software, Geräte, Internet, e-commerce) die besten Anlageergebnisse erzielen. 2017 lagen deutsche Aktien und Unternehmen der Schwellenländer vorn. 2016 waren es die US-Aktien.

2019 deutet sich an, dass neben den altbewährten, defensiven Titeln, wie Nahrung und Getränke, Bauwirtschaft und Basiskonsumgüter auch wieder die Technologieunternehmen das Rennen machen. Sie liegen in der Jahresperformance vorn (Bloomberg 2019).

Wer als aktiver Manager die zugrunde liegenden Richtungswechsel richtig erkennt und das Fondsportfolio anpasst, erzielt Traumrenditen für die Anleger. Auf diese kommen ETF-Anleger nur dann, wenn sie in die richtigen ETFs zum richtigen Zeitpunkt investieren. Auch passive Investments müssen aktiv verwaltet werden, was aber die wenigsten Anleger tatsächlich tun.

Ein weiterer Pluspunkt der vermögensverwaltenden Fonds ist es, nicht nur eine gezielte Aktienauswahl vorzunehmen und bestimmte Titel oder Branchen zu meiden, sondern die Freiheit, auch einmal ganz aus dem Markt zu gehen und die sichere Bargeldposition zu erhöhen. Denn wer in schlechten Börsenphasen (Baisse) keine oder wenig Aktien hat, fällt nicht wie der Markt. In kritischen Börsenphasen ist das besonders wertvoll – und nervenschonend für die Anleger.

Dreht die Börse und setzt zu einer neuen Aufwärtsbewegung an (Hausse), kann bei den aktiven Fonds die Aktienquote wieder erhöht und weiter Anschluss an die Kursentwicklung genommen werden. Die passiven Strategien sitzen dann möglicherweise noch auf hohen Verlusten, die erst einmal aufgeholt werden müssen. Es bedarf einer Indexverdoppelung (+100 %), um einen Verlust von 50 % wieder einzuholen.

Ich möchte aus „Aktiv oder Passiv" keine Glaubensfrage machen, denn das eine schließt das andere nicht aus. Während ETFs gegenüber Vermögensverwaltungen und offenen Investmentfonds Kostenvorteile aufweisen, ist damit nicht gesagt, dass sie in jeder Lebensphase das richtige Produkt für den Anleger sind. Viel wichtiger ist es, dass Sie sich darüber Klarheit verschaffen, was Sie von der Geldanlage erwarten und welches Risiko Sie wirklich zulassen möchten.

6.7 Selfmade? Populäre Fehler bei der Aktienauswahl

Vielen eigen-kreierten Depotstrukturen fehlt es an einer nachhaltigen Strategie, die auch kritischen Börsenphasen Stand hält. Ganz bestimmt hat der eine oder andere schon einmal einen schnellen Gewinn an der Börse kassiert. Und vielleicht war der zweite Versuch ebenfalls erfolgreich. Doch solche Glücksgriffe bilden eher die Ausnahme und nicht die Regel und sind auf keinen Fall die Basis einer nachhaltigen Anlagestrategie. Vom ultimativen Aktientipp halte ich deshalb nichts.

Was gute von schlechten Depotstrukturen unterscheidet

Home bias Das bezeichnet die Angewohnheit, überwiegend in Unternehmen des eigenen Landes zu investieren mit der Annahme, dass man sich hier besser auskenne. Wer so investiert, macht sich von der Wirtschaftsleistung einer Volkswirtschaft abhängig und verschenkt Chancen in anderen Regionen der Welt. Wer 2018 nur deutsche Standardaktien besaß, musste mehr Verluste einstecken, als Anleger mit überregionaler Diversifikation. Besser: global anlegen.

Verluste aussitzen Das hat viel mit Emotion zu tun, denn Verluste zu realisieren bedeutet auch immer ein Eingeständnis einer eigenen Fehlentscheidung. Wenn sich das Umfeld für die Aktie eingetrübt und es wenig Hoffnung auf eine Trendwende gibt, ist ein Verkauf der einzige Weg, die Verluste zu begrenzen. Wer seit 15 Jahren tatenlos dem Kursverfall der Deutsche Bank-Aktie zuschaut, sitzt heute auf Verlusten von 85 % (01.01.2008–30.05.2019).

Miniposten und Schwergewichte Wenn Aktie A mit einem Gewicht von 25 % des Depots und Aktie B mit einem Depotanteil von 1 % zu Buche schlägt, kann von einer vernünftigen Depotstreuung nicht die Rede sein. Zu große Einzelpositionen bergen ein überdurchschnittliches Risiko und Kleinstposten kosten Nerven und Geld. Entwickelt sich der Miniposten hervorragend, ärgern Sie sich, weil die gute Performance keinen nennenswerten Beitrag für das gesamte Depot liefert. Verkaufen Sie den Titel, lassen die (Mindest-) Transaktionsgebühren vom Gewinn nicht mehr viel übrig. Besser: mehr Harmonie in der Streuung der Größenklassen.

Lieblingsstücke Die BASF-Aktien vom Vater, ausschließlich in Pharmaaktien zu investieren, weil man selbst Apothekerin ist, das Vietnam-ETF inspiriert von der letzten Asienreise: In meiner Beratungspraxis habe ich viele Lieblingsstücke gesehen (bei diesen spielt auch interessanterweise das Einzelergebnis nur eine untergeordnete Rolle, denn mit den eigenen Lieblingen ist man nachsichtiger). Jedem Anleger ist klar, dass derartige Anlageentscheidungen wenig mit fundamentaler Analyse zu tun haben, als vielmehr mit einem guten Gefühl. Emotionen haben aber in der Anlagepolitik nichts zu suchen, denn sie führen auf lange Sicht zu keinem guten Ergebnis. Besser: Emotionen den Fakten unterordnen … und wer sich gar nicht von seinen Lieblingstiteln trennen kann, separiert sie in einem zweiten (Spaß-)Depot.

Ein Kessel Buntes Neben SAP, Apple und Lufthansa, noch ein Indexfonds auf den Nebenwerte-Index SDAX. Dazu ein kleiner Russland-Aktienfonds, Xetra-Gold und ein Immobilienfonds, der längst geschlossen ist. Manche Depots beherbergen ein Sammelsurium, das sich über die Jahre aufgebaut hat, wenig beachtet wurde und auf diese Weise so manche Depotleiche entstand. Buy and hold, wie das der Börsen-Altmeister Kostolany[1] in seiner Hoch-Zeit in den 1980er Jahren propagiert hat, ist jedoch keine wirksame Anlagemethode mehr. Besser ist eine Anlagestrategie mit einem aktiven Managementansatz.

---

[1]André Kostolany (1906–1999) war Finanzjournalist und Börsenexperte und erreichte mit seinen pointierten Börsenratschlägen Legendenstatus in Deutschland.

# 7

Megatrends verändern die Welt – und auch Ihre Vermögensanlage

Zusammenfassung Die Börse gilt als verlässlicher Seismograf für die Zukunft. Die Aussichten auf bessere Produkte, steigende Gewinne und neue Märkte bewegen die Aktienkurse von Unternehmen weitaus mehr als das in der Vergangenheit Erreichte. Deshalb ist der Blick auf die fünf wichtigsten Megatrends, die auf demografischen und sozioökonomischen Entwicklungen sowie dem wissenschaftlichen Fortschritt basieren, nicht nur spannend, sondern auch wichtig für die eigene Geldanlage.

Nicht jede Erfindung verändert die Welt. Als 1865 die Dampfmaschine an den Start ging, war ihr Siegeszug ungewiss, doch heute wissen wir, dass sie das Industriezeitalter eingeläutet hat und das Leben der Menschen spürbar veränderte. Das ist mit den heutigen Innovationen nicht anders. Ich wage die Behauptung, dass deren Einschnitte noch gravierender sind.

Wer von einem Megatrend spricht, meint einen tief greifenden Wandel, der Denkweisen und Prozesse in Wirtschaft, Politik und Gesellschaft grundlegend verändert und damit jeden von uns betrifft (Zukunftsinstitut). Ernstzunehmende Zukunftsforscher, wie Matthias Horx oder Lars Thomsen, spüren diesen Entwicklungen nach und identifizieren daraus nachhaltige Trends. Auch wenn die Wissenschaft mit ihren Vorhersagen in der Vergangenheit oftmals schief lag, am jetzigen Wandel gibt es keinen Zweifel.

Bereits heute setzen die Innovationen der letzten Jahre konventionelle und bislang bewährte Geschäftsmodelle massiv unter Veränderungsdruck: Man spricht von Disruption, von einer Art Störung, die nicht eben mit ein bisschen Innovation hier und mehr Marketing da behoben werden kann. Als typischer Vertreter für disruptive Branchen gelten die Universalbanken. Deren Geschäftsmodell ruhte in der Vergangenheit auf auskömmlichen Zinsmargen, stationärem Vertrieb am Bankschalter und einer faktischen Monopolstellung. Schließlich braucht jeder ein Konto. Doch mit der anhaltenden Niedrigzinspolitik, dem Markteintritt junger Fintechs und kostengünstiger Bezahl-Apps versiegen die Erlösquellen der traditionellen Geldhäuser. Der Verlauf der Aktienkurse spiegelt dieses Dilemma wieder.

Lassen Sie uns einen Blick auf die fünf wichtigsten Trends unserer Zeit werfen und der Frage nachgehen, was diese für Ihre Finanz- und Vermögensplanung unmittelbar bedeuten.

Megatrend Nr. 1: Globalisierung
Die Welt ist enger zusammengerückt. Seit dem Fall des Eisernen Vorhangs 1989 sind Güter, Wissen und Finanzströme an keine nationalstaatlichen Grenzen mehr gebunden. Nicht nur Deutschland ist einer der Gewinner,

wo jeder zweite Euro im Ausland erwirtschaftet wird und jeder vierte Arbeitsplatz vom Export abhängt (BDI Bundesverband der Industrie). Laut den Vereinten Nationen hat sich das durchschnittliche pro Kopf-Einkommen weltweit zwischen 1990 und 2014 mehr als verdoppelt und die Zahl der Menschen, die in extremer Armut leben, ist deutlich gesunken. Doch wo Licht ist, gibt es auch Schattenseiten: zu ihnen zählen grenzüberschreitende Cyberangriffe, Umweltprobleme sowie die Handelskriege und Finanzkrisen der letzten Jahre.

In einer vernetzten Welt profitieren international aufgestellte Unternehmen (Global Player) von geringeren Produktionskosten in Niedriglohnländern und von Absatzmärkten außerhalb ihrer Heimatregion. Beide Vorzüge werden in der Zukunft nachlassen, denn mit dem Wachstum der Schwellenländer treten auch deren Unternehmen in den Weltmarkt ein und konkurrieren um wirtschaftliche Vormachtstellung. Weil parallel die Löhne in den aufstrebenden Volkswirtschaften steigen und zu mehr Wohlstand führen, wird sich die Ära der Billigprodukte allmählich ihrem Ende zuneigen.

Aus Anlegersicht haben sich mit der Globalisierung die Anlagemöglichkeiten erweitert, denn Wirtschaftswachstum und erfolgreiche Unternehmen finden sich nicht mehr nur vor der eigenen Haustür.

Für die Vermögensanlage sind deshalb zwei Anlagekategorien interessant: Investmentfonds, deren Fokus auf großen, multinationalen Unternehmen liegt, sowie Fonds mit dem Schwerpunkt Schwellenländer. Zu den besonders spannenden Regionen zählen die Schwellenländer Asiens und die großen Volkswirtschaften Südamerikas. Afrika ist für mich noch eine problematische Region für private Geldanleger. Es fehlt an wirtschaftlicher Stabilität, Rechtssicherheit und funktionierenden Kapitalmärkten.

Megatrend Nr. 2: Digitalisierung
Wussten Sie, dass das World Wide Web erst 25 Jahre jung ist? Der digitale Wandel und die Möglichkeiten der künstlichen Intelligenz (KI) sind für mich der stärkste Megatrend unserer Zeit. Die tief greifenden Veränderungen, die durch die Informationstechnologie (IT) und die Digitalisierung ausgelöst werden, treffen das gesamte Wirtschaftsleben. Während etablierte Industrieunternehmen ihre Produktionsprozesse immer stärker digitalisieren (Industrie 4.0), können mithilfe künstlicher Intelligenz auch anspruchsvolle Tätigkeiten von Robotern übernommen werden. In Japan, einem Land das seit jeher sehr technologie-affin ist, werden humanoide Roboter für die Betreuung von Menschen getestet. Auch bei Banken und Versicherungen geht ohne ausgereifte und intelligente Technologie und Datensicherheit gar nichts mehr. Ohne IT gäbe es kein E-Learning, keine E-Mobilität, kein Online-Handel und mit dem Zuschauerhallen füllenden E-Sport ist eine völlig neue Branche entstanden.

Wie moderne Technologien die Welt verbessern können, zeigt der Einsatz von Drohnen. Mit ihnen gelangen Medikamente und Hilfsmittel auch in entlegene, verseuchte Regionen. Auf dem Höhepunkt der Ebola-Epidemie, so berichtet *Ärzte ohne Grenzen,* konzipierte die Organisation gemeinsam mit Google ein Tablet, mit dem die epidemiologischen Daten erfasst wurden. Das Tablet konnte komplett in Chlor desinfiziert und mit Schutzanzug bedient werden.

„Ist das die schöne neue Welt, von der alle nur profitieren?" fragt Sabine Leutheusser-Schnarrenberger in ihrem 2019 erschienenen Buch *Angst essen Freiheit auf.* Tatsächlich gibt es auch Schattenseiten, die bei allem positiven Fortschritt nicht zu leugnen sind: Der Einfluss von Algorithmen, Fake news und die Bedrohung unserer Privatsphäre. Unsere ehemalige Bundesjustizministerin steht deshalb mit ihrer Forderung, dass „Ethik und Moral die Grenzen des technisch Machbaren bestimmen müssen" sicher nicht allein da. Doch wir dürfen uns nichts vormachen: Der digitale Wandel ist unumkehrbar, nicht zu stoppen und gerade deshalb müssen wir uns mit ihm auseinandersetzen.

Zu den größten Gewinnern zählen Plattformen und Datensammler wie Google, Facebook, Twitter, Tencent und Baidu. Unternehmen, die wie SAP und Microsoft große Rechenleistungen für die Industrie und Datenspeicherplätze (Cloud) anbieten, profitieren ebenso wie Anbieter von Datensicherheitssoftware, denn die globale Netzspionage ist ein großes Problem. Doch egal ob „old oder new economy": Jedes Unternehmen, das alte Technologien mit digitalen Innovationen aufpeppt und sich damit Wettbewerbsvorteile verschafft, empfiehlt sich als aussichtsreiches Investment. Die Aktien des weltgrößten Social Networks von Mark Zuckerberg haben sich seit dem Börsengang im Mai 2012 fast versechsfacht. Wer damals 10.000 EUR in Facebook angelegt hat, kann sich heute über ein kleines Vermögen von knapp 60.000 EUR freuen.

Eines ist jedoch auffällig und gibt zu denken: es sind vor allem US-amerikanische Internetgiganten und junge Unternehmen aus China, die für den Boom bei den Tech-Aktien sorgen. Europa steht auf dem Spielfeld der Technologieliga immer mehr im Abseits.

Megatrend Nr. 3: Klimawandel

Die Folgen des weltweiten Anstiegs der CO_2-Emissionen sind längst sichtbar, wie uns der Rückgang der fossilen Brennstoffe, dem Schwinden der Artenvielfalt und der Anstieg des Meeresspiegels vor Augen führen. Die Reduzierung der weltweiten Treibhausgase ist deshalb die größte Herausforderung für die Menschen, was angesichts einer wachsenden Weltbevölkerung und zunehmenden Wohlstand in den Schwellenländern ein globales Umdenken erfordert. Mehr dazu siehe im separaten Kap. 10 *„Die Zukunft der Geldanlage ist nachhaltig"*

Megatrend Nr. 4: Gesundheit
Der dritte bedeutsame Megatrend betrifft den Gesundheitssektor. Während weltweit die Lebenserwartung der Menschen steigt, nehmen gleichzeitig auch die Gesundheitsrisiken zu. So hat die Ausbreitung von Zivilisationserkrankungen wie Diabetes-2 (Adipositas = Fettleibigkeit) sowohl in den Industrie- als auch den Schwellenländern rasant zugenommen.

Der Zugang zu bezahlbarer Gesundheitsversorgung und die Erforschung wirksamer Therapien und Medikamente sind daher die wichtigsten Ziele des Gesundheitssektors, der zu den dynamischsten Wirtschaftszweigen zählt. Er wächst doppelt so stark wie das weltweite Wachstum insgesamt. Die auf Healthcare-Aktienstrategien spezialisierte Schweizer Asset Managementgesellschaft Bellevue Asset Management gliedert den Sektor in fünf Einzelthemen:

1. Pharma und Biotechnologie: Medikamente, Therapien, Impfstoffe sowie deren Forschung und Entwicklung.
2. Generika: Nachahmerpräparate und Medikamente ohne Patentschutz, um eine breite Medikamentenversorgung kostengünstig sicherzustellen.
3. Dienstleistungen, der größte Bereich des weltweiten Gesundheitsmarktes: Krankenhäuser, Pflegeeinrichtungen, Ärzte, Krankenkassen und -verbände.
4. Medizintechnik: Medizinische Geräte, Röntgendiagnostik, Blutzuckermessgeräte aber auch Implantate, Herzschrittmacher und Prothesen.
5. Digital Health: Sensorgestützte Blutzuckermessung, Ferndiagnostik, computerunterstützte Chirurgie.

Anlegern stehen vielfältige und zahlreiche Investitionsmöglichkeiten zur Verfügung: neben breit gestreuten Gesundheitsaktien-Fonds gibt es spezielle Biotechnologie-Fonds. Erkenntnis Nummer zwei ist aber auch, dass im Alter die Ausgaben für die eigene Gesundheit steigen werden und finanzielle Vorsorge ein Muss ein.

Megatrend Nr. 5: Demografie
Die Erdbevölkerung wächst rasant und gleichzeitig verschieben sich in vielen Industrieländern die Bevölkerungsstrukturen. In den vergangenen 25 Jahren ist weltweit die Zahl der über 80-Jährigen von 54 auf 126 Mio. gestiegen. Damit ist diese Altersgruppe mehr als dreimal so schnell gewachsen wie die Weltbevölkerung insgesamt und ein Ende ist nicht in Sicht. Ein heute geborenes Mädchen hat die realistische Chance, 100 Jahre alt zu werden und dabei lange vital zu bleiben.

Doch alternde Gesellschaften haben ein Problem: Umlagefinanzierte Sozialsysteme, wie wir es in Deutschland haben, stoßen an ihre Grenzen, wenn immer weniger Berufstätige immer mehr Rentnern gegenüberstehen und diese mit einem langen Leben gesegnet sind. Das lange Leben greift dann auch an das eigene Portemonnaie, denn wer länger lebt, braucht mehr Geld. Nüchtern betrachtet kann die Anlageempfehlung nur lauten: Sparen, sparen, sparen.

Ein ganz anderer Aspekt, der sich hinter der Demografie verbirgt, ist das „Pro-Aging" also das positive Altern unserer Gesellschaft. Der heutigen Rentnergeneration geht es materiell so gut wie keiner vor ihr. Und vermutlich auch keiner nach ihr.

Für die Marketingindustrie, in deren Vorstellung die Älteren auf Kreuzfahrtschiffen um die Welt reisen, der Pharmaindustrie ein dauerhaftes Einkommen sichern und barrierefrei wohnen, zählen die heutigen Silver Ager deshalb zu einer interessanten, weil auch konsumfreudigen Zielgruppe. Tatsächlich ist die Generation 60+ sehr anspruchsvoll und lässt sich dank ihrer Erfahrung nichts vormachen. Unternehmen, die sich die Potenziale älterer

Menschen mit guten Produkten, guter Beratung und ohne viel Marketing-chichi erschließen, werden von den Silver Societys profitieren. „Das Alter ist da, wenn man sagt: Niemals habe ich mich so jung gefühlt." (Jules Renard).

8

Die Zukunft der Geldanlage ist nachhaltig

Zusammenfassung Nicht erst seit den Fridays For Future wächst der Druck auf Unternehmen und Staaten, ökologische Standards einzuhalten und Verantwortung für ihr Tun zu übernehmen. Nachhaltigkeit ist keine Frage von Gutmenschentum, sondern schlicht eine Notwendigkeit, der sich auch Geldanleger nicht entziehen können. Wie sich die Sustainable Investments von herkömmlichen Anlagen abgrenzen, was die Politik plant und warum Nachhaltigkeit in der Vermögensanlage weitaus mehr als nur die Ächtung von Klimakillern umfasst, erfahren Sie in diesem Kapitel.

Es vergeht kein Tag, an dem nicht im Zusammenhang mit dem Zustand unseres Planeten auch die Rolle des Finanzsektors und dessen Mitverantwortung an Klimawandel, Umweltzerstörung und Menschenrechtsverletzungen diskutiert werden. Ähnlich wie jeder Plastikstrohhalm einen ökologischen Fußabdruck hinterlässt, tut dieses auch die

Finanzindustrie – angefangen von der Finanzierung klimaschädlicher Projekte bis hin zu Diversity und Gleichberechtigung in den Unternehmen. Es geht um die Frage, wie der Finanzsektor zur Bewältigung globaler Herausforderungen beitragen kann.

8.1 Nachhaltig ist mehr als grün

Nachhaltig investieren bedeutet im Wesentlichen, die eigene Vermögensanlagestrategie an ökologischen, sozialen und ethischen Kriterien auszurichten. ESG sind die Buchstaben, die die gesamte Anlagewelt revolutionieren. Das Kürzel steht für Environment (Umwelt), Social Responsibility (Soziale Verantwortung) und Governance (Gute und verantwortungsvolle Unternehmensführung).

> **Die wichtigsten ESG-Kriterien im Überblick**
>
> **Umwelt:** Anteil erneuerbare Energien, Abkehr von fossilen Brennstoffen (De-Karbonisierung), Klimawandel-Strategie, geringer Emissionsausstoß und Wasserverbrauch, umweltverträgliche Produktion und weitere.
>
> **Soziale Verantwortung:** Achten der Menschenrechte, Verbot von Kinder- und Zwangsarbeit, Arbeitssicherheit und Gesundheitsschutz, Chancengleichheit und Vielfalt im Unternehmen, berufliche Weiterqualifikation, Frauen in Führungspositionen und weitere.
>
> **Gute Unternehmensführung:** Maßnahmen zur Korruptionsbekämpfung, Festlegung von eigenen Nachhaltigkeitszielen, Verknüpfung der Vorstandsvergütung mit dem Erreichen dieser Nachhaltigkeitsziele, Transparenz in der Berichterstattung und weitere.

Frauen haben diesen Anlagetrend, dem sich heute niemand mehr entziehen kann, bereits vor vielen Jahrzehnten für sich entdeckt. Ich erinnere mich noch gut an meine Anfänge in der Frauenfinanzberatung, als ich Mitte der 1990er Jahre erstmals mit Ökofonds in Berührung kam. Ökologisch-ethische Geldanlagen spielten damals weder bei Banken noch bei den unabhängigen Finanzberatern eine große Rolle, zugegebenermaßen gab es auch nur wenige überzeugende Angebote. Zu diesen zählte schon damals der Ökoworld Ökovision Classic, der 1996 aufgelegt wurde und als einer der Pioniere für Nachhaltigkeitsinvestment gilt. Der Fonds ist noch heute ein fester Bestandteil meiner Vermögensberatung.

Die Positionierung und auch die Vielfalt nachhaltiger (engl.: sustainable) Geldanlageprodukte hat sich seither grundlegend verändert, wie der rasante Volumensanstieg beweist. Während nachhaltige Investmentfonds und Mandate 2005 mit einem investierten Vermögen von 5 Mrd. EUR erst wenig Beachtung fanden, wuchs ihr Bestand Ende 2017 auf 92,1 Mrd. EUR (Forum Nachhaltige Geldanlagen). Das Fondsvolumen der in Deutschland zum Vertrieb zugelassenen Investmentfonds, die nach ESG-Kriterien gemanagt werden, stieg allein 2017 gegenüber dem Vorjahr um 30 %. Zum Vergleich: das gesamte Fondsvolumen wuchs im gleichen Zeitraum um 7 % (BVI Bundesverband Investment und Asset Management). Mittlerweile machen die nachhaltigen Geldanlagen zwar erst 3 % des Gesamtmarktes aus, doch die hohen Wachstumsraten bestätigen das Umdenken bei Anlegern, der Finanzindustrie und den Unternehmen selbst.

8.2 Unternehmen: wer Nachhaltigkeit ignoriert, verliert

Seit 2017 sind europäische Unternehmen, die mehr als 500 Mitarbeiter beschäftigen, zur Abgabe eines Nachhaltigkeitsberichts verpflichtet. Er ergänzt die bisherige

Finanzberichterstattung und gibt Aufschluss darüber, wie es die einzelnen Unternehmen mit Themen wie beispielsweise Umweltschutz, Diversität und Sozialstandards halten. Angesichts des zunehmenden öffentlichen Interesses ist der Nachhaltigkeitsbericht zu einem wichtigen Imagefaktor geworden. Nachhaltig aufgestellte Unternehmen genießen bei den Investoren ein höheres Ansehen, während Unternehmen, die sich darum einen Teufel scheren, gnadenlos an den Pranger gestellt werden. Es drohen Reputationsverluste und finanzielle Schäden, sowohl für das Unternehmen, als auch den Anleger.

Die Übernahme des Agrochemieunternehmens Monsanto durch den deutschen Chemie- und Pharmakonzern Bayer war von Beginn an umstritten. Bayer wollte mit der Übernahme zum weltgrößten Anbieter von Pflanzenschutzmitteln und Saatgut aufsteigen, hat dabei aber für seine Aktionäre „keinen guten Deal" gemacht. Die Anleger sehen nicht, dass Monsanto Lösungen für den Hunger einer wachsenden Weltbevölkerung liefert und einer der Innovationstreiber digitaler Farmen ist. Monsanto steht wegen seines Unkrautvernichters Glyphosat unter Dauerbeschuss und mit ihm Bayer, das sich einer riesigen Klagewelle in den USA gegenüber sieht. Seit der Übernahme von Monsanto am 7. Juni 2018 ist die Bayer-Aktie um 44 % gefallen (Stand 31.05.2019). Das aus Leverkusen global geführte Traditionsunternehmen ist heute weniger wert, als es für Monsanto bezahlt hat. Wer den ökologischen Sprengstoff der Monsanto-Übernahme rechtzeitig erkannte und am 23. Mai 2016, als die Öffentlichkeit erstmals über die Pläne informiert wurde, seine Bayer-Aktien verkaufte, hat alles richtig gemacht. Neben dem guten Gewissen ersparte er sich große Vermögensverluste.

Weiteres Anschauungsmaterial liefern die Aktienkursentwicklungen der drei großen deutschen Autobauer in Zusammenhang mit der Manipulation von Abgaswerten.

An der Stelle muss ich auf eines aufmerksam machen: so offensichtlich wie bei Bayer läuft es nicht immer. Wer erinnert sich nicht an Solarworld AG oder den Windkraftbetreiber Prokon. Beide Unternehmen galten als Vorzeigeunternehmen und Treiber für die Energiewende – beide gibt es so nicht mehr. Sie haben es am Ende nicht geschafft, mit einem zukunftsträchtigen Thema finanzielle Erfolge zu verbuchen. Und das ist das, was letztlich an der Börse zählt.

8.3 Tickende Zeitbombe für konventionelle Portfolios

Der Wandel des Erdklimas und seine Folgen – schmelzende Polkappen, heftige Stürme, lange Dürreperioden und steigende Meeresspiegel – kosten der Weltwirtschaft schon heute Unsummen. Hoffentlich keinen Vorgeschmack lieferte der Jahrhundertsommer 2018, der Deutschland mit hohen Temperaturen und geringem Niederschlag bis weit in den Herbst hinein beschäftigte. Ernteausfälle, Probleme in der Binnenschifffahrt und mancherorts sanken die Grundwasserspiegel auf kritische Niveaus. Man muss kein Klimaökonom sein um zu erkennen, dass hier viel Geld auf dem Spiel steht.

Seit über 40 Jahren beschäftigt sich der weltgrößte Rückversicherer Munich Re mit den Ursachen und Folgen der Klimaveränderungen und hat schon aus ureigenen Geschäftsgründen ein großes Interesse daran, dass der Klimawandel gestoppt wird. Im vergangenen Jahr erreichten die Versicherungsschäden nach Naturkatastrophen mit schweren Stürmen und Überflutungen mit 110 Mrd. EUR ein Rekordniveau. Laut EU-Kommission haben die durch extreme Wetterereignisse verursachten wirtschaftlichen Schäden zwischen 2007 und 2016 um 86 % zugenommen.

Anfang 2019 meldete der Energieversorger PG&E, eines der größten Energieunternehmen der USA, Insolvenz an. Hochspannungsleitungen des Konzerns gelten als Auslöser für verheerende Waldbrände in Kalifornien, bei denen Menschen starben und rund 80.000 Hektar Wald verbrannten. Die drohenden Schadensersatzforderungen von mehr als 30 Mrd. US$, zwangen das Unternehmen unter Chapter-11 des US-Konkursrechts. Neben der ökologischen und menschlichen Tragödie stehen nun Arbeitsplätze und Anlegergeld auf dem Spiel: Seit der Feuerwalze im Herbst 2018 verlor die Aktie bis zur Konkursankündigung bald 90 % ihres Wertes. Der Untergang der Ölplattform Deepwater Horizon (2010) kostete dem Betreiber BP bis zum heutigen Tag mehr als 62 Mrd. EUR:

Wie viele Beweise bedarf es noch bis die Erkenntnis reift, dass der Klimawandel die globale Finanzstabilität gefährden kann?

2015 wurde in Paris das Klimaschutzabkommen der Vereinten Nationen verabschiedet, das eine Begrenzung der Erderwärmung auf unter 2 °C im Vergleich zum vorindustriellen Niveau vorsah. Das kann nur mit einer deutlichen Reduzierung des Verbrauchs fossiler Energieträger erreicht werden, was für CO_2-intensive Branchen einem finanziellen GAU gleichkommt. Schon heute ist abzusehen, dass traditionellen Energie- und Bergbauunternehmen mehr und mehr die Geschäftsgrundlage entzogen wird. Es ist für mich nur eine Frage der Zeit, bis sie den Wert ihrer Öl- und Kohlevorräte bilanziell abwerten müssen, was unmittelbare Folgen auf den Aktienkurs haben wird. Einem ähnlichen Risiko sind Versorger, Airlines und produzierende Industrieunternehmen ausgesetzt, deren Kosten für den CO_2-Ausstoß steigen. Die Europäische Union hat bereits 2005 einen Handel für Emissionsrechte eingeführt. Energie-intensive Unternehmen kaufen diese Rechte, die es ihnen im begrenzten Umfang erlauben,

Treibhausgase auszustoßen. Die Kosten für diese Zertifikate steigen und könnten in den kommenden Jahren weiter zulegen, was sich negativ auf die Ertragslage der betroffenen Unternehmen auswirkt.

Nachdem in Deutschland die Treibhausgas-Emissionen seit 1990 deutlich rückläufig waren ($-27{,}3\,\%$), steigen sie seit 2015 wieder an. Wie dem 2018 vorgelegten Klimaschutzbericht des Bundesumweltministeriums zu entnehmen ist, kann unser selbst gestecktes Klimaschutzziel, bis 2020 die Emissionen um 40 % zu reduzieren, nur erreicht werden, wenn bei der Energiewende aufs Tempo gedrückt wird. Ob die diskutierte CO_2-Steuer dafür das geeignete Instrument ist, ist nicht nur unter Ökonomen umstritten.

8.4 Die ökonomische Dimension der Nachhaltigkeit für den Anleger

Wussten Sie, dass die Google-Mutter Alphabet einer der weltweit größten Abnehmer von erneuerbarer Energie ist? Seit über einem Jahrzehnt arbeitet das Unternehmen klimaneutral (Google Environment Report 2018). Anfang 2019 teilte das Management mit, dass zwei neue Rechenzentren in den USA errichtet werden, die vom ersten Tag an mit Solarkraft laufen. Dem Aktienkurs von Alphabet hat die ökologische Entscheidung des Managements nicht geschadet! Der Titel zählt zu den Bestperformern der letzten Jahre.

Wie das Beispiel zeigt und zahlreiche Untersuchungen belegen, sind Ökologie und Ökonomie kein Widerspruch. Es dürften aber Zweifel angebracht sein wenn behauptet wird, dass sie nur deshalb wirtschaftlich erfolgreich sind, **weil** sie ESG-Kriterien beachten. Vielmehr verzeichnen jene Unternehmen Erfolg, die den radikalen Wandel in Gesellschaft und Technologie mittragen. Wer einen der

Megatrends (siehe Kap. 7) verschläft, wird langfristig vom Markt verschwinden – Nachhaltigkeit und Ökologie ist ein solcher. Kein Unternehmen, egal wie groß und welchem Geschäftszweig zugehörig, kann es sich heute noch leisten, nachhaltige Aspekte bei strategischen Unternehmensentscheidungen zu ignorieren.

Damit sich die anlagebezogene Nachhaltigkeit auch für den Investor bezahlt macht, muss ein Investment langfristig einen Profit abwerfen, denn es geht schließlich um Ihre zukünftige Altersvorsorge. Lange Zeit war fraglich, ob das möglich ist oder ob die strengen Nachhaltigkeitskriterien der grünen Anlageprodukte zulasten der Anlagerendite gehen. Dem ist nicht so! Wer ökologisch-nachhaltig anlegt, muss keine Abstriche an der Performance machen. Voraussetzung ist jedoch, dass die generellen Grundregeln der Vermögensanlage – Diversifikation, aktives Portfoliomanagement, Timing – beachtet werden.

8.5 Woran man nachhaltige Anlageprodukte erkennt

Das Angebot für nachhaltige Geldanlagen ist reichhaltig. Neben aktiv gemanagten Investmentfonds und individuellen Vermögensverwaltungsmodellen, buhlen Indexfonds, Nachhaltigkeitsbanken und Green Bonds (nachhaltige Anleihen, meist für ein bestimmtes ESG-Projekt) um die Gunst der Anleger. Auch die deutschen Versicherungen, die immerhin ein Vermögen von mehr als 1,35 Billionen EUR verwalten (GDV 2016, Stand 31.12.2017) haben in den letzten Jahren ihre Investitionsentscheidungen um ESG-Kriterien erweitert.

Doch woran erkennen Sie, ob Ihr Fonds, Ihre Versicherung und Ihr Vermögensberater nachhaltig aufgestellt sind und ESG-Ziele verfolgen? Oder ob reines Greenwashing betrieben wird, wie das Vorgaukeln von Nachhaltigkeit bezeichnet wird? Klar ist, dass ein Windrad im Rapsfeld auf dem Verkaufsprospekt keine Garantie ist, dass das Anlageprodukt nachhaltig ist. Solange es kein einheitliches Gütesiegel gibt – was aus meiner Sicht ohnehin nur der kleinste gemeinsame Nenner aller Interessensgruppen sein kann und ich deshalb auf ihn verzichten kann – müssen Sie anderen Quellen vertrauen und sich mit dem „Kleingedruckten" des Anlageproduktes beschäftigen.

Einige Banken unterhalten institutseigene Kompetenzzentren oder arbeiten mit unabhängigen Nachhaltigkeitsanalysten zusammen. Gleiches gilt für Fachverbände, die zum Teil eigene Kriterienkataloge für Nachhaltigkeitsstandards entwickelt haben. Viele Vermögensverwalter und Fondsgesellschaften nutzen Analysen anerkannter Nachhaltigkeitsexperten, zum Beispiel Sustainalytics, oekom Research oder des für seine Aktienindices bekannten Analysehauses MSCI Inc., der mit 30-jähriger ESG-Researcherfahrung und weltweit mehr als 6400 Unternehmensanalysen zu den größten Anbietern von Nachhaltigkeitsratings zählt. Auch wenn unterschiedliche Methoden naturgemäß zu unterschiedlichen Deutungen führen können: so weit liegen die Bewertungen nicht auseinander und aus einer „Dreckschleuder" wird auch bei anderer Betrachtungsweise kein Umweltengel.

Die Nachhaltigkeits-Ratingagenturen klopfen anhand umfangreicher Fragenkataloge bei den Unternehmen ab, ob und in welchem Umfang ESG in der Unternehmenspolitik berücksichtigt wird. Das Ergebnis kann eine Note, ein Prozentwert oder eine Buchstabenklassifizierung sein. Die nachhaltigsten Unternehmen können sich mit einem AAA (z. B. von MSCI ESG-Research) oder 100 Punkten (z. B. von Globalance Bank) schmücken. Dieses Ratings unterstützen den Anleger bei der Auswahl der Geldanlage, liefern aber wie bereits erwähnt keine Garantie, dass die Aktien auch ein ertragreiches und sicheres Investment sind. So weisen Infineon und Deutsche Börse AG jeweils sehr hohe Nachhaltigkeitsbewertungen aus (Globalance Footprint, Stand April 2019), beide Aktien bewegen sich jedoch mit ihrer Aktienrendite in den letzten 12 Monaten nur im Mittelfeld des DAX. Anders hingegen Munich Re und der Technologiekonzern SAP, die den Beweis liefern, dass Nachhaltigkeit plus unternehmerischer Erfolg gleich Anlegererfolg ist.

Die EU-Kommission hat zur Umsetzung des Pariser Klimaschutzabkommens in ihrem *Aktionsplan für nachhaltiges Finanzwesen* ein Bündel an Maßnahmen vorgeschlagen, mit deren Umsetzung wir in den kommenden Monaten rechnen dürfen. Brüssel will weltweit der Vorreiter in Sachen Umweltschutz sein und fordert dazu auch Anstrengungen von der Finanzwirtschaft. Zu Recht, wie ich finde, wenngleich man befürchten muss, dass wieder einmal ein bürokratisches Monster auf uns zukommt und die Gefahr besteht, dass gut gemeint nicht gut gemacht ist.

Worum geht es der Kommission? Die vorgelegten Vorschläge zielen auf ein einheitliches EU-Klassifizierungssystem ab, um ökologisch-ethische Finanzprodukte nach gleichen Kriterien zu beurteilen und zu kennzeichnen. Zudem müssen Vermögens- und Fondsverwalter nachweisen, inwieweit ihre Anlageentscheidungen ESG-Ziele berücksichtigen. Hierbei liefern die Nachhaltigkeits-Ratings auch den konventionellen Vermögensverwaltern wertvolle Dienste. Ein dritter Vorschlag sieht die Einführung eines neuen Marktstandards vor, der den CO_2-Fußabdruck von Unternehmen widerspiegelt. Und als vierte Forderung wird eine bessere Kundenberatung angemahnt, damit noch mehr Anlegern ein Zugang zu nachhaltigen Geldanlagen geschaffen wird.

Wann haben Sie das letzte Mal mit Ihrer Bank oder Ihrem Vermögensberater über nachhaltige Geldanlagen gesprochen? Vom wem ging die Initiative aus?

> **Die wichtigsten nachhaltigen Anlagestrategien im Überblick**
>
> **Ausschlussfilter (Negativ-Screening):** Es ist die älteste Strategie des nachhaltigen Investierens. Bei diesem Managementansatz werden Aktien von Unternehmen kategorisch ausgeschlossen, deren Gewinne aus umstrittenen Branchen wie Rüstung, Atomkraft, Abbau fossiler Brennstoffe und Glückspiel stammen oder die landwirtschaftliche Gentechnik, Pornografie und Kinderarbeit dulden. Im Anleihebereich werden Staatsanleihen von Ländern gemieden, in denen die Todesstrafe verhängt wird.
>
> **Best-in-Class (engl.: Klassenbeste):** Bei dieser Anlagestrategie wird nur in solche Unternehmen investiert, die hinsichtlich der ESG-Kriterien besser abschneiden, als ihre unmittelbaren Mitbewerber. Das Anlageuniversum erstreckt sich über alle Branchen, weshalb sich bei diesem Konzept auch Firmen aus kritischen Sektoren, wie der Ölindustrie oder der Tabakproduktion, finden. Der deutsche Autobauer VW beispielsweise galt lange Zeit als eines der nachhaltigsten Automobilunternehmen.
>
> **Themenfonds:** Nachhaltige Themenfonds investieren in Unternehmen, die Branchen zuzuordnen sind, die als nachhaltig-ökologisch gelten, wobei die Titel-Selektion mitunter Fragen aufwirft. Wasserfonds beispielsweise investieren in Unternehmen, die Abwasser entsorgen, Wasser reinigen, aber auch Quellen anzapfen und Wasser vertreiben. Der Schweizer Nahrungsmittelriese Nestlé, der zuletzt wegen seiner Wasserabfüllung rund um den französischen Ort Vittel schwer in die Kritik kam, kann sich deshalb auch in dem einen oder anderen nachhaltigen Fonds wiederfinden.
>
> **ESG-Reporting:** Ein Instrument, das auch immer mehr konventionelle Vermögensverwalter erfolgreich einsetzen. Hierbei wird die Nachhaltigkeit eines gesamten Portfolios und seiner Einzelpositionen anhand eines Scoring-Modells

oder Kennziffern gemessen. Je höher diese Kennziffer, desto grüner, ökologischer und nachhaltiger ist das Portfolio. Das Verfahren hat den Vorteil, dass das Anlageuniversum in seiner Vielfalt zunächst nicht eingeschränkt wird und auch Unternehmen umfasst, die ihr ESG-Profil verbessern, aber eben noch nicht top sind. Anleger können auf einen Blick erkennen, in welchem Umfang sie nachhaltig investiert sind.

Impact Investment: Hierbei handelt es sich um Geldanlagen, die sich auch eine unmittelbare soziale und ökologische Wirkung versprechen. Es wird in soziale Projekte investiert, die beispielsweise die Begrenzung der Armut, die Verbesserung der Lebensbedingungen und der Schulbildung für alle zum Ziel haben. Die finanzielle Rendite des Anlegers steht nicht so sehr im Vordergrund. Als typische Vertreter des Impact Investing zählen Mikrofinanzkredite.

8.6 „Fifty shades of green": Nachhaltige Geldanlage hat viele Seiten

Wer sich mit den Details der ökologischen und ethischen Geldanlagen auseinandersetzt, wird eine große Übereinstimmung mit den wichtigsten Anforderungen von ESG-Investments feststellen. Der Ausschluss von Rüstungsunternehmen, Atomenergie oder Gesellschaften, die mit ihrem CO_2-Ausstoß die globalen Klimaziele torpedieren, ist fast schon obligatorisch. Wer so sein Geld anlegt, hat schon einiges getan.

Was bleibt sind die Grauzonen, die sich vor allem mit der eigenen Vorstellung von Nachhaltigkeit erklären. Wie gehen wir mit dem Konflikt um, dass Elektroautos zwar eine Null-CO_2-Emission haben, aber die gesamte Ökobilanz der E-Autos inklusive der notwendigen Herstellung leistungsstarker Batterien verheerend ist und unzählige Arbeitsplätze auf dem Spiel stehen, weil der Bau eines E-Antriebs weniger komplex ist als ein Verbrennungsmotor? Was mit Unternehmen, die harmlose Glasfaser an einen Waffenhersteller liefern? Bis zu welchem Geschäftsumfang dürfen ESG-Kriterien das zulassen? Wie soll mit Nahrungsmittelunternehmen umgegangen werden, die gentechnisch veränderte Lebensmittel vertreiben, gleichzeitig aber viele Führungspositionen mit Frauen besetzen und auf Diversity großen Wert legen?

Nachhaltig ist nicht gleich nachhaltig und jeder versteht etwas anderes darunter. Die Gefahr ist groß, am eigenen Anspruch zu scheitern. Deshalb ist eine 90 %ige Anlagelösung besser als keine.

9

„Der steht mir gut": Wie Sie den Fonds finden, der zu Ihnen passt

Zusammenfassung Alles auf eine Karte? Oder doch lieber eine breite Streuung? Investmentfonds eignen sich wie kein anderes Finanzinstrument für die Vermögensanlage. Sie punkten mit Produkt- und Kostentransparenz, hoher Rechtssicherheit und ihren flexiblen Einsatzmöglichkeiten. Sie sprechen sowohl Erstanleger als auch professionelle Investoren an. 1950 ging der erste Investmentfonds in Deutschland an den Start, heute listet die Bundesanstalt für Finanzdienstleistungsaufsicht 13.963 zugelassene Fonds auf. Worauf Sie bei der Auswahl des richtigen Investmentfonds und der Anlage achten sollten, erfahren Sie in diesem Kapitel.

Sie haben eine Vorstellung über die Rendite, die Sie von Ihrer Geldanlage erwarten, kennen ihre Anlagedauer und fühlen sich für Risiken gut gewappnet. Dann müssen Sie nur noch den Investmentfonds finden, der zu Ihnen passt. Lassen Sie uns loslegen:

9.1 Anlagestrategie: Produktklarheit ist gleich Produktwahrheit?

In welchen Regionen, Themen und Anlageklassen möchten Sie ihr Geld anlegen? Nicht immer sagt der Name eines Fonds alles über dessen seine Anlagestrategie. Manchmal sind die Fondsbezeichnungen geradezu irreführend. Der DWS Vermögensbildungsfonds legt ausschließlich in internationalen Aktien an, womit kräftige Vermögensschwankungen nicht auszuschließen sind – die Bezeichnung „vermögensbildend" kann missverstanden werden. Dass der Fidelity Technology Fund in Software-, Internet- und Computerfirmen investiert ist hingegen klar, aber dass die globale Anlagestrategie PEH EMPIRE die Aktienquote im Fonds je nach Börsenlage zwischen 0 und 100 % variieren kann und damit zur „Königsklasse" der vermögensverwaltenden Anlagekonzepte zählt, gibt der Name nicht preis.

Manche Fonds haben Kunstnamen, andere werben mit ihrem Anlageziel oder ihrer Region. In jedem Fall gilt es hinter die Kulissen zu blicken und einen Blick in den Verkaufsprospekt zu werfen.

9.2 Historische Performance: Rendite im Rückspiegel

Wertentwicklungen in der Vergangenheit sind keine Garantie für die künftige Wertentwicklung, lautet der übliche Hinweis auf den Präsentationsunterlagen der Fondsgesellschaften. Er findet sich auf jeden Factsheet und dem Produktinformationsblatt (KIID). Das ist richtig, denn vom erreichten Anlageergebnis kann ein Neueinsteiger nicht profitieren. Dennoch lohnt der Blick in den Rückspiegel. Wer bei Abwärtsbewegungen Verluste vermeiden konnte und in Aufwärtsphasen mit dem Markt oder sogar besser läuft, bringt das nötige Rüstzeug mit, auch künftig gute Wertentwicklungen zu erzielen. Insofern ist der Blick zurück ein guter Indikator für erfolgreiches Anlagemanagement.

9.3 Fondsvolumen: Groß ist nicht immer gut

Der ACATIS GANÉ Value Event hat ein Fondsvolumen von 3,1 Mrd. EUR, der Squad Capital Value B nur 264 Mio. und der französische Mischfonds Carmignac Patrimoine kommt sogar auf 12,9 Mrd. EUR. Was sagt das über die Anlageergebnisse aus? Nicht viel. Ein großes Anlagevolumen steht ohne Zweifel für großen Zuspruch bei den Anlegern, denn erfolgreiche Produkte ziehen neue Anlegergelder an. Große Fondsvolumina bringen auch häufig Kostenvorteile mit sich, während ganz kleinen die Fusion mit einem anderen Fonds droht. Dennoch sind die Flaggschiffe keine Garantie, dass sie auch für künftige Investoren gut sind. Die auf Dachfonds und die Fondsselektion spezialisierte Fondsboutique SAUREN hat festgestellt, dass sich ein Anstieg des verwalteten Fondsvolumens tendenziell sogar negativ auf die Rendite des Fonds auswirkt, weil die Flexibilität und die Möglichkeiten des Fondsmanagements eingeschränkt werden (Sauren Fonds-Research AG 2010). *Das 80-PS-Rennboot ist schneller im Hafen, als das Kreuzfahrtschiff mit 18.000 PS.*

9.4 Management: Der Blick in den Maschinenraum

Wer managt den Fonds? Entspricht das Fondsportfolio der Anlagestrategie, die Sie sich vorstellen? Wie viel Einblick gewährt Ihnen das Fondsmanagement? Ich stelle positiv fest, dass sich die Fondsgesellschaften in den letzten Jahren nicht mehr nur als Produktentwickler verstehen, sondern zunehmend an einem partnerschaftlichen Dialog mit ihren Investoren interessiert sind. Das fängt bei einer verständlichen Darstellung der Anlagestrategie an und reicht bis hin zum voll transparenten Einblick in das gesamte Fondsportfolio. Aktive Fondsmanager scheuen zudem nicht den Vergleich mit ihrer Peergroup und einem aussagefähigen Vergleichsindex.

9.5 Ratings: Der Blick in die Sterne

Von Fondsgesellschaften unabhängige Finanzplattformen, wie beispielsweise FWW Financial Webworks oder Morningstar, vergeben regelmäßige Bewertungen (Ratings) für Investmentfonds. Dabei werden alle Fonds in Gruppen eingeteilt (Peergroups), um sie miteinander vergleichbar zu machen. Die Bewertung berücksichtigt sowohl die erzielte Wertentwicklung (Performance) als auch das Risiko (Volatilität), mit dem das Ergebnis erzielt wurde. Das führt dazu, dass die renditestärksten Fonds nicht immer das höchstmögliche Rating von 5 Sternen erhalten. Bei FWW erhalten die besten 20 % der Fonds eines Sektors 5 Sterne. Morningstar hat eine etwas andere Systematik, ist in der Aussage aber ähnlich. Das Sterne-Rating ist als weitere Entscheidungshilfe durchaus empfehlenswert, aber als alleiniges Kriterium zu wenig. *Wie in der Spitzengastronomie sind Sterne keine Garantie für einen gelungenen Abend und nicht in jeder Phase führt Ihr Fonds die Liste der Top-Performer an.*

9.6 Kosten: Gute Leistungen sind nicht kostenfrei erhältlich

Sichere Zinsanlagen werfen kaum noch Ertrag ab und riskante Geldanlagen führen keine Garantie auf eine hohe Performance. Zwangsläufig fließen deshalb die Kosten einer Geldanlage stärker in die Überlegungen ein. Doch die Formel, *je niedriger die Kosten, desto höher der Ertrag,* geht nicht immer auf.

Richtig ist, dass dem Fondsvermögen Kosten belastet werden, und damit das Anlageergebnis schmälern. Neben der Verwaltungsvergütung und den Transaktionskosten auf Fondsebene fallen unter Umständen erfolgsabhängige Honorarbestandteile an. Die Kostensätze aktiv gemanagter Investmentfonds liegen durchschnittlich zwischen 1,5 und 3 %. Die passiv verwalteten ETFs liegen zwischen 0,1 und 0,8 %, sind also deutlich preiswerter, zumal auch keine Erfolgsbeteiligung anfällt.

Besonders aktive Fondsmanager, die das Fondsportfolio häufiger umschichten oder über Derivate absichern, verursachen naturgemäß höhere Kosten als Buy-and-Hold-Strategien. Doch solange der Kosteneinsatz zu einem guten Ergebnis führt, ist deren Einsatz gerechtfertigt. Die Netto-Performance spiegelt den gesamten Anlageerfolg wider – nach Kosten.

Seit Einführung des neuen Anlegerrechts MIFID II sind alle Banken, Fondsgesellschaften und Finanzberater im Vorfeld der Geldanlage verpflichtet, Sie über die Gesamtkosten und deren mögliche Auswirkungen auf die Rendite zu informieren („ex-ante"). Auch der einmalige Ausgabeaufschlag, der für die Beratung und Vermittlung beim Kauf mitunter anfällt, zählt dazu. Nachträglich und in aller Regel einmal jährlich werden Ihnen die tatsächlich angefallenen Kosten („ex-post") mitgeteilt. Das bringt nicht nur Kostentransparenz, sondern auch ein Verständnis für Leistung.

Kosten sind legitim, der Wunsch Kosten zu vermeiden ebenso, aber die Kosten allein sollten nicht das K.O.-Kriterium für die Geldanlage sein. Vielmehr muss das Preis-Leistungs-Verhältnis stimmen, zu dem auch die Beratung zählt.

9.7 Stil, Nische, Region oder ein bestimmtes Thema: Was Ihnen am Herzen liegt

Neben den international investierenden vermögensverwaltenden Fonds gibt es eine große Vielfalt von verschiedenen Anlagekategorien. Bei den Aktienfonds unterscheidet man zum Beispiel nach Regionen und Größenklassen: Große Konzerne, die auch als Large Caps oder Blue Chips bezeichnet werden, mittelgroße Unternehmen (mid caps) und kleine Unternehmen (small caps), die in Deutschland zum Mittelstand zählen. Dann gibt es noch mit Value, Blend und Growth unterschiedliche Anlagestile. Wer Valueaktien kauft, setzt in aller Regel auf substanzstarke Unternehmen mit Dividende und mit niedriger Bewertung. Growth (Wachstum) selektiert Aktien, deren Umsatzdynamik und/oder Gewinndynamik besonders hoch ist. Zusehends werden auch ganze Sektoren als Growth bezeichnet, die besonders in neuen Industrien entstanden sind (Online-Zahlung, Video-Spiele, Cloud-Anbieter). Nicht die Dividende ist das Ziel, als vielmehr Wachsen und Erschließen neuer Märkte und Kunden. Es ist wichtig, die Merkmale und die Strategie des

Fonds zu kennen, denn damit werden auch deren Anlageergebnisse erklärt. So haben nicht in jedem Marktzyklus alle Anlagestile die gleichen Chancen. Seit 2013, also seit mehr als 5 Jahren, gewinnen Wachstumswerte gegenüber den Value-Titeln. Wer hier als Manager auf die traditionellen werthaltigen Aktien mit hoher Dividende setzte, musste seine Anleger mitunter enttäuschen.

9.8 Die Kurse sind auf dem Alltime-High – ist der Einstiegszeitpunkt verpasst?

Natürlich wäre es schön, wenn man immer am Tiefpunkt einsteigt. Doch leider ist es nicht so einfach. Zum einen, weil ein niedriger Kurs noch tiefer fallen kann (wie beispielsweise der Kursverlauf der Commerzbank-Aktie beweist). Und zum anderen können auch Aktien, die schon recht gut gelaufen sind, noch weiter steigen. Siehe Apple. Die Frage ist vielmehr: wie ist die Gewinn-Entwicklung des Unternehmens und wie viel Potenzial steckt noch in dem Titel? Die Frage nach dem richtigen Timing beim Aktienkauf stellt sich überdies nur bei ETFs, weniger bei aktiv gemanagten Fonds. Während ETF den „teuren" Markt abbilden, können aktive Fondsmanager auch bei guten Börsenphasen (Hausse) sich auf die Titel konzentrieren, deren Wachstumsperspektive noch intakt sind. Aktien, die auf einem hohen Niveau notieren und deren weitere Aussichten ausgereizt sind, werden dann ganz einfach gemieden. Bei einer aktiv gemanagten Anlagestrategie stellt sich nicht die Frage nach dem Timing.

Eine andere Lösung, das Timing-Problem zu lösen, sind Investmentsparpläne.

9.9 Investmentsparplan: Aus Zeit wird Geld

Bei einem Investmentsparplan werden gleichbleibende Sparraten regelmäßig am Kapitalmarkt investiert, sodass sich die Frage des Timings, also des Kaufes zum richtigen Zeitpunkt, gar nicht erst stellt. Investmentsparpläne haben den Vorteil, dass bei steigenden Kursen weniger Anteile und bei fallenden Kursen mehr Investmentfondsanteile gekauft werden. Auf diese Weise erzielt man einen guten Durchschnittspreis (Cost-Average-Effekt).

Investmentsparpläne sind sehr flexibel. Wer mal knapp bei Kasse ist, kann ihn jederzeit unterbrechen, reduzieren, stoppen oder über das angesparte Wertpapiervermögen ganz oder teilweise verfügen. Andersherum sind Ratenerhöhungen und flexible Einzahlungen zu jedem Zeitpunkt möglich – und ratsam, wenn das eigene Sparpotenzial es zulässt. So schön diese Freiheit auch ist, so sehr erfordert sie Disziplin und Durchhaltevermögen des Sparers. Ich erlebe leider häufig, wie leichtfertig ein Sparplan aufgegeben wird. Sei es, weil ein Loch in der Haushaltskasse zu stopfen ist, oder die Börsen auf Talfahrt gehen. Dabei sind es gerade diese Phasen, die für den Vermögensaufbau den großen Effekt erzielen: *Der Gewinn liegt im Einkauf,* besagt eine alte Kaufmannsregel.

In der langfristigen Betrachtung waren Sparpläne in internationalen Aktienfonds am erfolgreichsten. Ein 20jähriger Fondssparplan in internationalen Aktien brachte eine durchschnittliche jährliche Rendite von 5,0 % – und das nach Kosten. Angesichts der zuletzt guten Börsenjahre kommen 10jährige Sparpläne sogar auf eine Rendite von 6,8 %. Wer stattdessen nur in deutschen Aktienfonds ansparte und damit dem home bias (Neigung, dem eigenen Wirtschaftsraum den Vorzug zu geben) erlag, hatte das Nachsehen: auf Sicht von 10 Jahren lag die durchschnittliche Sparplanrendite bei 5 %, bei 20 Jahren bei 4,8 % (Bundesverband Investmentfonds BVI, Stand 30.04.2019).

10

Und wozu rät ihr Anlageroboter?

Zusammenfassung Die Digitalisierung stoppt vor keiner Branche, erst recht nicht vor der Finanzwelt. Automatisierte Systeme und Algorithmen machen dem klassischen Vermögensverwalter zunehmend Konkurrenz und wollen Beratung durch intelligente Apps ersetzen. Was steckt dahinter und worauf sollten Anlegerinnen und Anleger achten?

Fintechs und Insurtechs heißen die neuen Wunderkinder, die neben etablierten Banken und Finanzdienstleistern vermögende Anleger umwerben. Das Zauberwort heißt Robo Advisor, die Idee stammt aus den USA. Beim Robo Advisor, der Name leitet sich aus den Worten Robot (Roboter) und Advisory (Beratung) ab, handelt es sich vereinfacht ausgedrückt um ein automatisierte, digitale Vermögensverwaltung. Viele wurden in den letzten Jahren entweder selbst von Banken, Versicherungen und

Finanzdienstleistern oder als junge Start-up-Unternehmen gegründet.

Die Robo Advisor haben online-begeisterte Anleger im Blick, die nicht die Zeit, das Wissen oder die Lust haben, sich mit den internationalen Kapitalmärkten zu beschäftigen. Ihr Anspruch ist es, besser, intelligenter und vor allem preisgünstiger als die bisherigen Anlage-Lösungen zu sein. Sie wollen die traditionelle Vermögensverwaltung und mit ihr deren Beratung revolutionieren und haben auch Kleinanleger im Visier.

Es überrascht daher nicht, dass für viele die automatisierte Vermögensverwaltung die Zukunft ist. Bestärkt wird diese Einschätzung von einer repräsentativen Umfrage der Gesellschaft für Konsumforschung (GfK) im Juni 2018 im Auftrag des Bankenverbands. Danach erledigt bereits jeder zweite Bundesbürger seine Bankgeschäfte online. In der Altersgruppe der 18- bis 49-Jährigen sind es sogar rund 70 %.

Die annähernd dreißig digitalen Vermögensverwaltungen, die derzeit am deutschen Markt um die Gunst der Anleger werben, verwalten aktuell schätzungsweise ein Anlagevolumen von 3 Mrd. EUR. Das klingt viel, macht aber nur 0,15 % dessen aus, was hierzulande auf Tagesgeldkonten schlummert.

Das Herz der digitalen Vermögensverwaltung ist der wissenschaftliche Ansatz. Moderne Technologien erstellen auf Basis mathematischer Modelle und Algorithmen eine zum Anleger passende Anlagestrategie. Jeder Robo Advisor hat seine eigenen Algorithmen entwickelt und auch die Portfoliomodelle und Anlagestrategien unterscheiden sich, was die Vergleichbarkeit der Angebote nicht gerade vereinfacht. Im Wesentlichen stehen die Grundlagen der modernen Portfoliotheorie des Wirtschafts-Nobelpreisträgers Markowitz sowie Erkenntnisse aus der neuesten Kapitalmarktforschung Pate.

Der Vertragsabschluss ist rasch erledigt: Anhand von einfachen zu beantwortenden Standardfragen, wie „Lesen Sie gern die Wirtschaftsnachrichten?", „Was würden Sie tun, wenn Ihr gesamtes Wertpapierdepot 10 % in einem Monat verliert?" oder „Welche Wertpapierdienstleistungen haben Sie bisher in Anspruch genommen?" wird das Risikoprofil ermittelt. Zusammen mit den Informationen zur Anlagedauer und Anlagesumme stellt das Programm danach ein Wertpapier-Portfolio zusammen, das zumeist auf die Assetklassen Aktien, Anleihen und Rohstoffe verteilt ist. Auch der regionale Mix, also wie hoch der Wirtschaftsraum USA gewichtet ist und welchen Anteil beispielsweise die Schwellenländer einnehmen, trifft das Programm. Die anschließende Umsetzung erfolgt schwerpunktmäßig mit börsennotierten Indexfonds (ETFs), weshalb die laufenden Kosten der Portfolios zunächst vergleichsweise niedrig sind. Vereinzelt finden sich Private-Equity-Produkte in den Portfolios.

10.1 Möchte ich mein Vermögen komplett einem Roboter anvertrauen?

Nicht nur die Erstanlageentscheidung bestimmt der Roboter, auch künftige Umschichtungen und Reinvestitionen erfolgen automatisiert und werden umgehend umgesetzt. Das hat Vorteile: zum einen sind die digitalen Portfolios sehr viel schneller beim Kaufen und Verkaufen (wobei eine hohe Umschlagshäufigkeit kein Gütesiegel ist) und zum anderen sind Emotionen und irrationales Verhalten, sei es des Anlegers oder des Verwalters, ein Fremdwort. Wer als Anleger gerne mitreden möchte, bestimmte Regionen ausschließen („kein China") oder thematische Schwerpunkte

("Erneuerbare Energien") setzen möchte, wird mit einer digitalen Vermögensverwaltung allerdings wenig Freude haben.

Die große Frage, die sich jeder Anleger stellen sollte: Möchte ich mein Vermögen komplett einer IT-Lösung, einem Roboter anvertrauen? Wer steckt hinter dem jungen Unternehmen? Was passiert im Falle einer Insolvenz? Welche Sicherheit gibt es für das Depot und geparktes Geld und wer hat Einsicht in meine Daten? Jedem Anleger muss klar sein, dass er sehr viel Privatsphäre und vertrauliche Daten online preisgibt.

10.2 Robo Advisors sind ihren Erfolg noch schuldig

Die digitalen Angebote sind preisgünstiger als aktiv gemanagte Investmentfonds und klassische Portfolioverwaltungen, heißt es. Es stimmt, dass der Preis ein wichtiges Auswahlkriterium ist, doch ausschlaggebend sollte er aus meiner Sicht nicht sein. Im Schnitt betragen die jährlichen Kosten der Robo Advisor 1 % pro Jahr, die teuersten Anbieter erheben laufende Gebühren bis zu 1,87 %. Der Preisvorteil hält sich damit in Grenzen. Auf der Plattform www.brokervergleich.de kann man sich einen guten Überblick über die derzeitigen Angebote verschaffen.

Viel entscheidender für den Erfolg ist nach meiner Einschätzung ohnehin die Performance, also das Anlageergebnis nach Kosten. Denn warum soll das per Algorithmus erstellte Portfolio automatisch besser sein, als das Portfolio eines erfahrenen Asset Managements, dessen Auswahlprozess auf fundamentalen und quantitativen Kriterien ruht? Der Informationsfluss und die Bewegungen der Finanzmärkte haben in den vergangenen Jahren enorm zugenommen. Kein Asset Manager trifft heute noch Anlageentscheidungen, die auf wenigen Daten, ein paar flotten Signalen oder gar einem Bauchgefühl beruhen. Auch die klassischen Vermögensverwalter alter Schule arbeiten verstärkt mit mathematischen Programmen und Künstlicher Intelligenz, also selbstlernenden Systemen. Das letzte Wort haben hier am Ende aber immer noch Menschen.

Aktuell werben rund 30 Robo Advisor um die Gunst der Anleger und ständig drängen neue Anbieter und Angebote auf den Markt. Doch wo 30 Anbieter mit jeweils 3–10 Strategien locken wird aus der schönen Vielfalt rasch eine große Unübersichtlichkeit. Viele Anlegerinnen und Anleger fühlen sich mit der Fachterminologie, die bei allen Marketingbemühungen auch nicht aus der Welt zu schaffen ist, überfordert.

Keiner der jungen Fintechs arbeitet derzeit profitabel, was in erster Linie den hohen Ausgaben für Online-Marketing und Öffentlichkeitsarbeit zu schulden ist. Noch bilden die Robos einen Nischenmarkt, aber ich rechne fest mit ihrem Wachstum (auch wenn vielleicht der eine oder andere wieder vom Markt verschwindet. Zweifel dürfen deshalb erlaubt sein).

Ob sich Robo-Advisor gegenüber der klassischen Vermögensverwaltung durchsetzen, bleibt abzuwarten und hängt vor allem von deren Netto-Anlageergebnissen ab. Bislang jedenfalls sind die digitalen Portfolios ihren Renditebeweis noch schuldig. Im Crashjahr 2018 übertrafen die wenigsten der digitalen Portfolios die Multi-Asset-Strategien der konventionellen Vermögensverwalter.

Eine komplette Anlagelösung werden die Newcomer für die meisten Anleger ohnehin nicht sein. Wer wenig Kenntnisse und Leidenschaft für das Börsengeschehen hat und daher einen persönlichen Rat und den Austausch sucht, wird auch in Zukunft immer noch den direkten Kontakt zum realen Vermögensberater suchen. Von Angesicht zu

Angesicht lassen sich komplexe Vermögensfragen oftmals besser besprechen.

Deutlich mehr Chancen testiere ich hybriden Finanzdienstleistungen, bei denen Asset Manager ihre Portfoliostrategien mit künstlicher Intelligenz und selbstlernenden Systemen ausbauen und fachkundige und mit sozialer Kompetenz ausgestattete Berater diese Strategien in persönlichen Gesprächen vermitteln. Anleger müssen sich dann nicht zwischen traditioneller oder digitaler Vermögensverwaltung entscheiden, sondern profitieren tatsächlich von beiden Seiten.

11

Altersvorsorge in Deutschland: Gut, aber nicht gut genug

Zusammenfassung Für die meisten Deutschen stellt die gesetzliche Rente nach wie vor die wichtigste Einnahmequelle im Alter dar. Das wird sich auch nicht ändern, allerdings sind die Zeiten einer üppigen Rundumversorgung bekanntermaßen längst vorbei. Warum das so ist, ignorieren keine Option ist und wie die Altersvorsorge generell in Deutschland organisiert ist, erfahren Sie in diesem Kapitel.

Nomen est omen: die deutsche Rente ist in die Jahre gekommen. Dabei wurde viel getan, um den Alterungsprozess hinauszuzögern. Doch gerade die Änderungen der vergangenen Jahre waren ein paar Schritte zu viel. Oder besser gesagt, war es eine Bewegung in die falsche Richtung: sowohl die Rente mit 63, die Mütterrente als auch die zuletzt kontrovers diskutierte Grundrente führen zu einer Umverteilung von Jung auf Alt, was die Zweifel an der „sicheren Rente" noch verstärkt. Vor allem bei der jungen Generation. Das war bei der letzten großen Rentenreform 2005 ganz anders gedacht.

Das Alterseinkünftegesetz leitete damals den Übergang von der vor- zur nachgelagerten Besteuerung ein, stärkte die Eigeninitiative für die private Vorsorge und führte den Demografiefaktor in der Rentenformel ein, der die gesetzliche Rente nachhaltiger machen sollte. Seither gilt, dass jede Altersvorsorgemaßnahme einer von drei Schichten zugeordnet werden kann. Die Schicht sagt vor allem etwas über die steuerliche Förderung aus, aber auch über individuelle Gestaltungsfreiheit und Produktvielfalt.

Überblick: So ist die Altersvorsorge in Deutschland organisiert

Die 1. Schicht ist die Basisversorgung: Zu ihr zählen die gesetzliche Rentenversicherung, die Alterssicherung der Kammerberufe (z. B. Ärzteversorgung) und die Beamtenversorgung. Auch die private Basis-Rente („Rürup-Rente") gehört in die erste Schicht. Die Altersvorsorge in dieser und der 2. Schicht wird in der Ansparphase über Steuervorteile und/oder Zulagen gefördert und erst bei der Auszahlung im Alter versteuert. Man spricht daher von der nachgelagerten Versteuerung.

In der 2. Schicht findet sich die kapitalgedeckte Zusatzversorgung: die betriebliche Altersvorsorge (BAV) und die Riester-Rente. Beide Modelle bringen besonders für Frauen Vorteile, auf die ich im Kap. 16 noch zu sprechen komme.

In der 3. Schicht befinden sich die freien Kapitalanlageprodukte. Hierzu zählen alle Arten von privaten Rentenversicherungen, aber auch Aktien, Investmentfonds und andere Anlageformen der Vermögensanlage. Alle Finanzanlagen der 3. Schicht stammen aus bereits versteuertem Einkommen. Hier kommt die vorgelagerte Besteuerung zur Anwendung. Die Vielfalt und der Gestaltungsspielraum für die einzelne Geldanlage sind hier am größten.

11.1 Gesetzliche Rentenversicherung: „Altersvorsorge light"

Die gesetzliche Rentenversicherung ist mit Abstand die bedeutendste Form der Altersabsicherung in Deutschland. 21 Mio. Menschen in West und Ost beziehen eine Altersrente aus dem Topf der Deutschen Rentenversicherung (Deutsche Rentenversicherung, Stand 01.07.2018) und obwohl die Renten in den letzten Jahren gestiegen sind, fallen sie weit geringer aus als das frühere Berufseinkommen des Arbeitnehmers. Die Rente ist sicher, aber ihre Höhe wird nicht ausreichen, den gewohnten Lebensstandard aufrecht zu erhalten, geschweige denn im Luxus zu leben. Deshalb haben die meisten Rentner auch auf andere Weise vorgesorgt: die gesetzliche Rente macht nämlich nur knapp zwei Drittel des Gesamteinkommens eines Seniorenhaushalts aus, den übrigen Teil bilden private und betriebliche Vorsorge (Bundesministerium für Arbeit und Soziales 2019). In einigen Jahren wird sich dieses Verhältnis umkehren (müssen), so meine Prognose.

Das deutsche Rentensystem basiert auf einem Umlageverfahren: wer heute berufstätig ist, zahlt die Renten der heutigen Ruheständler. Als beruflich aktive Arbeitnehmerin erwerben Sie eine Anwartschaft auf Ihre eigene Rente, die vereinfacht ausgedrückt, Ihre persönliche Erwerbsbiografie widerspiegelt. Je länger und mehr Sie arbeiten, mehr verdienen und folglich mehr in die Rentenkasse einzahlen, desto höher fallen Ihre späteren Rentenansprüche aus.

Derzeit liegt das Rentenniveau bei 48 % des aktuellen Durchschnittslohns, 2003 waren es noch 53,3 %. Diese Bruttorente, auch Standardrente genannt, entspricht der Rente, die ein Durchschnittsverdiener bekommt, der 45 Jahre in die Rentenkasse eingezahlt hat. Das klingt gut, doch bei genauer Betrachtung offenbart sich auch im besten Fall eine eklatante Versorgungslücke: Wer 45 Jahre das Durchschnittsentgelt von 38.901 EUR (West, vorläufiger Wert 2019) verdient, erreicht maximal eine Altersrente von derzeit 1441 EUR (Ost: 1381 EUR). Die theoretisch erreichbare Höchstrente liegt bei rund 2723 EUR, denn mehr ist wegen der Deckelung der Beitragszahlungen gar nicht möglich.

Tatsächlich liegen die derzeitigen Renten jedoch weit unter den Eckwerten. Im aktuellen Jahresbericht der Deutschen Rentenversicherung finden sich 938 EUR, die durchschnittlich nach Abzug des Krankenversicherungs- und Pflegeversicherungsbeitrags zur Auszahlung kommen (Versichertenrenten per 01.07.2018). Während Männer 1111 EUR im Schnitt erhalten, erreichen Frauen nur 743 EUR – eine Gender Pension Gap von 33 %. Und als wenn das nicht genug wäre, greift noch der Fiskus zu. Wer 2019 in den Ruhestand geht, muss 78 % seiner gesetzlichen Rente versteuern. Der steuerpflichtige Anteil steigt mit jedem neuen Rentnerjahrgang Schritt für Schritt (Kohortenprinzip) an, bis die Rente im Jahr 2040 voll steuerpflichtig ist.

Die deutsche Rentenversicherung hat ein Problem, und das sind wir! Die Menschen profitieren vom medizinischen Fortschritt, wir ernähren uns gesünder, werden immer älter und beziehen folglich immer länger unsere Altersbezüge. Wurde 1960 die gesetzliche Rente im Durchschnitt zehn Jahre lang gezahlt, sind es heute schon über 20 Jahre. Mädchen, die jetzt geboren werden, können statistisch mit einer Lebenserwartung von 95 Jahren rechnen und der 1964er-Jahrgang der Babyboomer lebt im Durchschnitt 88 Jahre (www.7jahrelaenger.de).

Das wäre vielleicht alles kein Problem, wenn es ausreichend Beitragszahler geben würde, getreu den Worten Konrad Adenauers: Kinder bekommen die Leute immer. Damit sollte er nicht recht behalten: Von 1967 an ist die Geburtenrate in Deutschland kontinuierlich gefallen und erst seit wenigen Jahren deutet sich eine zarte Trendwende an.

11.2 Der Generationenvertrag wankt

Durch den demografischen Wandel steigt die Anzahl der Älteren stärker, als die Summe der Beitragszahler. 2018 kommen vier Berufstätige für einen Rentner auf. Man muss kein Sozialwissenschaftler oder Mathematiker sein um zu erkennen, dass im Jahr 2031, wenn Deutschlands geburtenstärkster Jahrgang 1964 in den Ruhestand geht, das Projekt „Generationenvertrag" kippt. Rein rechnerisch finanziert dann ein Arbeitnehmer einen Rentner.

Natürlich sind das keine Geheimnisse und jede Regierung der letzten Jahre hat versucht, mit notwendigen Gesetzesänderungen den Patienten „Rente" zu stabilisieren. Als Meilensteine gelten die schrittweise Erhöhung des Renteneintrittsalters auf 67 und die Einführung des Nachhaltigkeitsfaktors in der Rentenanpassungsformel. Er bewirkt, dass das Rentenniveau langfristig sinkt, um nachfolgende Generationen zu schützen. Doch die jüngsten Änderungen und die aktuelle Diskussion um die bedingungslose Grundrente stellen das alles infrage.

Worum geht es? In der vierten Amtszeit von Angela Merkel einigte sich die große Koalition auf ein weiteres Rentenpaket, das eine Stabilisierung des Rentenniveaus auf dem jetzigen Stand von 48 % bis 2025 vorsieht. Führende Ökonomen, allen voran der renommierte Rentenexperte Prof. Bernd Raffelhüschen, waren nicht begeistert. Schockiert waren sie aber erst über den Vorstoß von SPD-Parteichef Olaf Scholz, der das 48 %ige Rentenniveau sogar bis ins Jahr 2040 fortschreiben wollte. In die gleiche Richtung zielt die bedingungslose Grundrente, bei der gleich zwei Grundsätze außer Kraft gesetzt werden, die die Deutschen mit sozialer Gerechtigkeit verbinden: Leistung und Bedürftigkeit. Heute gehen junge Menschen für eine bessere Klimapolitik auf die Straße – es sollte nur eine Frage der Zeit sein, bis sie auch eine gerechtere Rentenpolitik fordern.

11.3 Wie lautet Plan B für die Rentenversicherung?

Um die Rentenversicherung dauerhaft zu stabilisieren, werden deshalb viele Optionen ausgelotet: Die Verlängerung der Lebensarbeitszeit über flexible Renteneintrittsalter ist eine davon. 12 % der Berufstätigen (2002: 5 %) äußerten in einer Umfrage des Allensbach-Instituts, dass sie die neue Freiheit nutzen würden, weil sie gern noch länger beruflich tätig sein möchten.

Lösung zwei: die Anhebung des Beitragssatzes. Diese Maßnahme würde vor allem die jetzige Berufsgeneration treffen, denen damit noch mehr finanzieller Spielraum genommen wird, für das eigene Alter vorzusorgen. Aktuell liegt der Beitragssatz, den sich Arbeitnehmer und Arbeitgeber jeweils zur Hälfte teilen, bei 18,6 % und ist schon jetzt einer der Spitzenwerte in Europa. Der derzeitige Plan sieht vor, diesen Satz auf Dauer bei 20 % zu deckeln, was aber nur funktioniert, wenn das Rentenniveau nicht auf Ewigkeiten festgeschrieben wird.

Als dritte Option kursiert unter Sozialpolitikern immer wieder die „Pflichtversicherung für alle": Selbstständige und Unternehmer, die sich bislang eigenständig um ihre Altersvorsorge kümmern, sollen Beiträge in die Rentenkasse einzahlen. Doch Zwang ist selten eine gute Lösung, zumal damit das Problem nur verschoben, aber nicht behoben wird. Oder erwerben diese neuen Beitragszahler etwa keine eigenen Ansprüche?

Schlussendlich blieben Steuerzuschüsse für die Rente als finale Lösung. Doch das würde Wachstum kosten und wieder einmal hätten vor allem die jüngeren Menschen diese Last zu tragen. Ob das gerecht ist? Es bleibt die ehrliche Erkenntnis: jeder muss selbst für sein Alter vorsorgen.

11.4 Berufsständische Versorgung: Niedrigzinsen und demografischer Wandel belasten auch die Versorgungswerke

Die Notwendigkeit vorzusorgen trifft auch Freiberufler, wie Ärzte, Apotheker, Rechtsanwälte und Architekten, die als Angestellte oder Selbstständige über die eigenen berufsständischen Versorgungseinrichtungen abgesichert sind. Die 90 deutschen Versorgungswerke genießen ein hohes Ansehen – zu Recht, denn seit jeher liegen die ausbezahlten Renten deutlich über dem gesetzlichen Rentenniveau und die freien Berufe konnten entspannt ihrem Ruhestand entgegen blicken. Doch ich möchte vor zu großer Sorglosigkeit warnen, denn auch bei den Versorgungswerken deuten sich Leistungsreduzierungen an.

Der Umfang der Leistungen erstreckt sich auf die Altersrente, die Hinterbliebenenvorsorge und die Berufsunfähigkeitsrente. Anders als die umlagefinanzierte gesetzliche Rente, finanzieren sich die meisten Versorgungswerke über das sogenannte offene Deckungsplanverfahren, eine Mischung aus Umlage und Kapitaldeckung. Über die Verteilung auf diese beiden Töpfe entscheidet jedes Versorgungswerk selbst. Das Verfahren verlangt keine Gleichwertigkeit zwischen Beiträgen und Leistungen, das bedeutet dass sich die Altersrente nicht ausschließlich aus der Höhe und der Anzahl der eingezahlten Beiträge ergibt. Vielmehr sind die Versorgungswerke darauf angewiesen, dass ausreichend junge und einkommensstarke Mediziner, Juristen etc. nachwachsen. Versorgungseinrichtungen verwalten sich selbst durch eigene Satzungen und entscheiden eigenständig über die Art ihrer Vermögensverteilung und die konkrete Ausgestaltung der Rückdeckung. Sie müssen ohne Zuschüsse des Bundes auskommen.

Das Ende der deutlichen Besserstellung gegenüber dem staatlichen System naht aus zwei Gründen: die demografische Entwicklung und das seit Jahren niedrige Zinsniveau, die es den Versorgungswerken immer schwieriger machen, die hohen Renten auch für die jüngere Generation sicher zu stellen. Die Struktur der Kapitalanlagen der Versorgungswerke ist sehr zinslastig und damit vergleichsweise ertragsarm. Eine Besonderheit ist zudem die Berufsunfähigkeitsrente, die zwar deutlich höher als die gesetzliche Erwerbsminderungsrente ist, aber gegenüber einer privaten Absicherung gravierende Nachteile hat. So ist die wesentliche Voraussetzung für den Erhalt der BU-Rente aus dem Versorgungswerk die vollständige Aufgabe der beruflichen Tätigkeit, zum Beispiel die Rückgabe der ärztlichen Approbation. Dieser Schritt hat weitreichende Folgen und sollte gut überlegt sein. Eine zusätzliche private Vorsorge ist für alle Kammerberufe deshalb nicht nur wegen der Altersrente sinnvoll, sondern auch zur Einkommenssicherung.

11.5 Die Sorge vor der Altersarmut macht sich breit

Trotz Wirtschaftsboom und Fachkräftemangel fürchten sich laut dem Armuts- und Reichtumsbericht der Bundesregierung zwei von drei Bundesbürgern vor finanzieller Not im Alter. Unter ihnen auch jene, denen man das aufgrund ihres Berufs oder ihrer gesellschaftlichen Stellung gar nicht zutraut.

Doch wer gilt als „arm"? Nach der EU-Definition gilt jemand als arm oder armutsgefährdet, der über weniger als 60 % des mittleren Einkommens der Bevölkerung verfügt.

Dieser Wert lag 2017 für einen Alleinstehenden bei 1096 EUR im Monat, für eine Familie mit zwei Kindern unter 14 Jahren bei rund 2300 EUR im Monat und ist damit kein alleiniges Maß für Armut, sondern spiegelt in erster Linie die unterschiedliche Einkommensverteilung in einer Gesellschaft wider. Das Leibniz-Institut für Wirtschaftsforschung hat in einer Stellungnahme aus dem Jahr 2015 eine Parallele zum Jahr 1948 gezogen, als es allen Deutschen gleichermaßen schlecht ging, aber nach der heute bekannten Formel der Armutsgefährdung niemand als arm gelten würde.

Auch wenn in weiter gefassten Definitionen von Armut die fehlende soziale Teilhabe berücksichtigt wird, wenn beispielsweise das Geld noch nicht einmal für einen kleinen Urlaub reicht, ist mein Eindruck, dass mit der Sorge vor Altersarmut recht inflationär umgegangen wird. Die Bewertungen sind irreführend und helfen dem Einzelnen nicht wirklich weiter. Im Gegenteil: junge Frauen und Männer fühlen sich zunehmend verunsichert und entmutigt. Ein Nährboden für Populismus.

Die Sorge vor Altersarmut kann jeden überkommen, auch weil das Empfinden von Frau zu Frau unterschiedlich ist. Einfache Lösungen gibt es nicht, wer aber Bildung und Weiterbildung zu seiner Lebensmaxime macht und schon frühzeitig Gegenmaßnahmen ergreift – ich spreche von privater Altersvorsorge in jeder Hinsicht – hat schon viel erreicht.

11.6 Kennen Sie Ihre Vorsorgelücke?

Wer mindestens 27 Jahre alt ist, wird jährlich über die Höhe der erreichten Altersrente von der Deutschen Rentenversicherung informiert. Auf der so genannten „Renteninformation" stehen aber noch weitere nützliche

Informationen, wie die Erwerbsminderungsrente, die gezahlt wird, wenn wegen Krankheit oder Behinderung nicht mindestens sechs Stunden am Tag gearbeitet werden kann. Eine weitere Zahl betrifft die prognostizierte Rente, mit der man rechnen kann, wenn man wie im Durchschnitt der letzten 5 Jahre Rentenbeiträge einbezahlt. Allein dieser Wert im Vergleich zum aktuellen Nettoeinkommen wird den Handlungsbedarf für jeden verdeutlichen.

Im Internet gibt es zahlreiche Versorgungslücken-Berechnungen, die einen gehen von einer Wunschrente aus, andere wiederum vom heutigen Einkommen, möglichen Gehaltssteigerungen und Inflationsannahmen.

Als besonders gelungen und bedienerfreundlich gefällt mir der Rentenlücker-Rechner auf https://www.dieversicherer.de/versicherer/rentenrechner. Er berücksichtigt im ersten Schritt die gesetzlichen Rentenansprüche und ermittelt im zweiten Schritt, wie viel monatlich zusätzlich angespart werden muss, um das angestrebte Versorgungsziel zu erreichen. Unter der Annahme, dass bestimmte Aufwendungen im Alter (z. B. das Sparen für die Rente) entfallen, geht das Tool von einer Standard-Wunschrente von 80 % des aktuellen Netto-Einkommens aus.

Rentenschätzer und Versorgungslücken-Rechner liefern gute Anhaltspunkte – die tatsächliche Versorgungslücke ergibt sich aber aus einer Vielzahl weiterer Einflussfaktoren, wie dem eigenen Berufsweg, Auszeiten für die Familienplanung und künftigen Eingriffen ins Rentensystem. Auch die allgemeine Kostenentwicklung und steigende Ansprüche werden die Lücke vergrößern. Deshalb ist die Versorgungslücke exakt kaum auszurechnen. Vor allem bei jenen Frauen, die erst am Beginn ihres Berufslebens stehen. Die Planung der eigenen Altersvorsorge ist komplex, eine höchst individuelle Angelegenheit und ein fortlaufender Prozess. Nehmen Sie am besten eine fachkundige Beratung in Anspruch.

12

Lohnt sich die private Lebens- oder Rentenversicherung (noch)?

Zusammenfassung Vertraut man der medialen Stimmungsmache, gehören private Lebensversicherungen und Rentenversicherungen der Vergangenheit an: magere Renditen, steigende Risiken, unzeitgemäß und altbacken. Die Zahlen belegen das jedoch nicht: 88,3 Mio. Verträge, davon die Hälfte Rentenverträge, bestehen bei deutschen Lebensversicherungsunternehmen, Pensionskassen und Pensionsfonds und 2017 sind 5 Mio. neue Policen dazu gekommen. Ich meine: Ja, eine private Rentenversicherung lohnt sich noch immer! Sie ist für mich die unumstrittene Basis für die eigene Absicherung. Vorausgesetzt, Sie wählen das richtige Modell.

Wer heute Lebensversicherung sagt, verwendet den Begriff als Synonym für die private zusätzliche Altersvorsorge. Tatsächlich wurde die klassische Lebensversicherung in den letzten Jahren von modernen Vorsorgevarianten nahezu komplett abgelöst. Die Gründe liegen nicht nur in den zahlreichen gesetzlichen Änderungen, sondern vielmehr in den Gestaltungsmöglichkeiten, die die neuen Modelle mit sich bringen. Eines aber eint alle Verträge: die lebenslange Rentenzahlung.

12.1 Die wichtigsten Vorsorgemodelle aus der Versicherungswelt im Überblick

Eine **Lebensversicherung** oder auch Kapitallebensversicherung kombiniert den Todesfallschutz für die Hinterbliebenen mit einer zusätzlichen privaten Altersvorsorge. Dabei zahlt der Vorsorgesparer üblicherweise monatlich oder jährlich Beträge an die Versicherung. Einen Teil davon zieht der Versicherer als Kosten ab, ein weiterer Teil deckt die Risikovorsorge zur Absicherung des Todesfalles. Denn bei einer klassischen Lebensversicherung besteht von Anfang an i. a. R. Todesfallschutz in Höhe der Versicherungssumme. Der verbleibende Teil des Beitrags wird für die Altersvorsorge angespart. Dieser Sparanteil wird über die gesamte Laufzeit mit dem Garantiezins verzinst. Seit dem 1. Januar 2017 beträgt er für alle neuen Vertragsabschlüsse 0,9 % pro Jahr.

Die klassische Lebensversicherung ist somit eine Kombination aus Sparvertrag und Risikolebensversicherung – und damit nicht mehr zeitgemäß. Denn wenn es zu finanziellen Engpässen kommt und Sie gezwungen wären, den Beitrag zu reduzieren, würden beide Vorsorgebestandteile gekürzt und Sie gefährden sowohl die Vorsorge für Ihr Alter als auch die Absicherung Ihrer Familie. Besser ist es, zwei Verträge abzuschließen, damit Sie den Vorsorgerahmen einzeln festlegen können: eine private Rentenversicherung für Ihre Altersvorsorge und eine Risikolebensversicherung für die Hinterbliebenen.

Wie der Name sagt, ist die **Risikolebensversicherung** eine reine Risikovorsorge. Sie zahlt nach dem Tod des Versicherten die vereinbarte Todesfallsumme. Ich empfehle die Höhe so zu veranschlagen, dass ein überlebender Partner in der Lage ist, den Lebensunterhalt für sich und die Familie für mindestens drei Jahre problemlos zu bestreiten. Neben dem persönlichen Verlust eines nahestehenden Menschen sollten nicht noch finanzielle Probleme das Leid vergrößern. Die Vorsorge mit einer Risikolebensversicherung ist ganz besonders ratsam bei Familien und Paaren, die eine Immobilienfinanzierung haben und bei Personengesellschaften, bei denen sich die Unternehmer gegenseitig absichern. Wählen Sie möglichst lange Laufzeiten, denn eine spätere Verlängerung zu gleichen Konditionen ist nicht möglich.

Bei Vertragsabschluss werden, wie bei allen Versicherungen die biometrische Risiken absichern, umfangreiche Gesundheitsfragen an den Versicherungsnehmer gestellt. Wer beispielsweise Raucher ist, gesundheitlich beeinträchtigt oder Vorerkrankungen hat, muss mit höheren Beiträgen oder im schlimmsten Fall mit einer Ablehnung durch die Gesellschaft rechnen. Lügen haben kurze Beine – deshalb ist dringend davon abzuraten, Krankheiten zu verschweigen oder zu verharmlosen. Denn im Leistungsfall droht, dass die Versicherung die Zahlung verweigert. Risikolebensversicherungen sind insbesondere in jungen Jahren, also auch für junge Familien, erschwinglich.

2004, als das das Steuerprivileg für Lebensversicherungen gekippt wurde, hat die **Private Rentenversicherung** die Lebensversicherung als Kernprodukt für die Altersvorsorge abgelöst. Worin liegt der Unterschied? Bei einer klassischen privaten Rentenversicherung entfällt der automatische Hinterbliebenenschutz, stattdessen gibt es Gestaltungsmöglichkeiten, wie die Rentengarantiezeit und eine Hinterbliebenenrente.

In der Ansparphase zahlt der Vorsorgesparer monatlich oder jährlich Beiträge an die Versicherung. Auch flexible freiwillige Einmalzahlungen sind möglich, wenn der Vertrag nach dem 31.12.2004 abgeschlossen wurde. Von den Sparbeiträgen zieht der Versicherer seine Verwaltungskosten ab, der Rest wird verzinslich oder in Investmentfonds angelegt. Bei vielen neuen Versicherungstarifen besteht die Möglichkeit, während der Ansparzeit flexibel Kapital zu entnehmen, die Beiträge zu erhöhen, zu verringern oder ganz auszusetzen. Zudem kann der Rentenbeginn innerhalb eines Zeitfensters selbst bestimmt werden, das erreichte Vermögen in einer Summe ausbezahlt oder in eine lebenslange oder zeitlich befristete Rente umgewandelt werden.

Im Gegensatz zu einer Direktversicherung, die in ihrem Wesen ähnlich der beiden Modelle ist und über den Arbeitgeber läuft, schließen Sie sowohl die kapitalbildende Lebensversicherung als auch die private Rentenversicherung direkt mit dem Versicherungsunternehmen ab. Sie sind im Normalfall sowohl Versicherungsnehmer, als auch Beitragszahler, versicherte Person und Begünstigte im Erlebensfall.

12.2 Wie wird das Geld in der Versicherung angelegt?

Grob zusammengefasst lassen sich folgende drei Modelle unterscheiden: Zum einen klassische **Garantiezinsverträge,** die jedoch für Neuabschlüsse uninteressant sind. Ferner **Fondspolicen** in zahlreichen Varianten, auch sogenannte Hybrid-Modelle, die man mit und ohne Garantien abschließen kann. Und zu guter Letzt **Rentenversicherungen ohne feste Zinszusage,** zu denen auch die beliebten Indexpolicen zählen. Bei ihnen garantiert der Versicherer lediglich den Erhalt der eingezahlten Beiträge.

12.2.1 Garantiezinsverträge

Die Kritiker der Lebensversicherung haben tatsächlich in einem Punkt Recht: Versicherungsverträge mit Garantiezinsvereinbarung erwirtschaften kaum noch eine attraktive Rendite, denn das seit rund 30 Jahren anhaltende Niedrigzinsniveau macht natürlich auch vor den Versicherungen nicht halt. Der Garantiezins, mit dem der Sparanteil verzinst wird, wird vom Bundesfinanzministerium auf Empfehlungen der Finanzaufsicht BaFin und sachkundigen Versicherungsmathematikern festgesetzt. Dabei hat der Gesetzgeber sowohl die aktuelle Zinssituation als auch die Stabilität der Versicherungsunternehmen im Blick.

Während Alt-Verträge mit Garantiezinsen von bis zu 4 % ausgestattet sind, liegt der festgelegte Garantiezins für Neuverträge seit dem 1. Januar 2017 nur noch bei 0,9 % (siehe Tab. 12.1). Wer also einen alten Vertrag hat, noch dazu einen aus der Zeit vor dem 01.01.2005 als es noch satte Steuervorteile gab, ist gut beraten diesen fortzuführen.

Die tatsächliche Gesamtverzinsung ist in aller Regel jedoch höher: Sie setzt sich aus dem Garantiezins, der jährlich gut geschriebenen Überschussbeteiligung sowie gegebenenfalls einem Schlussüberschuss zusammen. Garantiezins plus jährliche Überschussbeteiligung bezeichnet

Tab. 12.1 Lohnenswerte Altverträge

Vertragsabschluss	Garantiezins
Vor Juli 1986	3,00
Ab Juli 1986	3,50
Ab Juli 1994	4,00
Ab Juli 2000	3,25
Ab Januar 2004	2,75
Ab Januar 2007	2,25
Ab Januar 2012	1,75
Ab Januar 2015	1,25
Seit Januar 2017	0,90

man auch als laufende Verzinsung. Diese wird jährlich von den Versicherungsunternehmen bekannt gegeben und betrug 2018 im Durchschnitt aller deutschen Anbieter 2,34 %. Im Jahr 2000 lag sie noch bei über 7 %. Die Differenz zwischen guten und schlechten Versicherungen kann mehr als 1 % betragen, was sich zum Ablauf auf etliche tausend Euro Unterschiedsbetrag in der Leistung ausweiten kann. Es ist deshalb empfehlenswert, verschiedene Angebote zu vergleichen, wobei neben der Gesamtverzinsung auch die Stabilitätskennzahlen der Versicherung ein wichtiges Entscheidungskriterium darstellen. Nur kapitalstarke Versicherungen sollten in der Lage sein, die langfristigen Verpflichtungen, die Rentenverträge mit sich bringen, zu erfüllen. Übrigens: Was schwarz auf weiß steht, gilt: die jährlich dem Vertrag gutgeschriebenen Überschussanteile erhöhen die Garantiewerte auf dem Weg bis zum Vertragsende.

Wenngleich das allgemeine Zinsniveau und die Gewinnbeteiligung in den letzten Jahrzehnten kontinuierlich gefallen ist: Inhaber von Altverträgen genießen Bestandsschutz. Ihre Verträge werden mit dem vertraglich vereinbarten Garantiezins verzinst, auch wenn dieser oberhalb der alljährlichen Gewinn-Deklaration liegt. Sie merken schon: wer vor 20, 30 Jahren eine Rentenversicherung abgeschlossen hat, hat einen wahren „Schatz" in seinen Händen. Mein Rat: ändern Sie nichts!

Um die Garantien und die langjährigen Rentenzusagen angesichts der niedrigen Zinsen zu erfüllen, erlauben die strengen Solvabilitätsvorschriften für die Eigenmittelausstattung (Solvency II) den Versicherern deshalb auch Risiken einzugehen. Diese müssen jedoch durch entsprechende Kapitalrücklagen gedeckt sein. Deshalb liegt zwar der Schwerpunkt der Versicherungsvermögen mit 85 % auf festverzinslichen Wertpapieren, Pfandbriefen und Hypotheken (BaFin, GDV, Stand 31.12.2017) doch der Anteil anderer Anlageklassen wie Immobilien, Beteiligungen und Aktien wächst.

Versicherungen, die frühzeitig mit dem Kauf von Immobilien begonnen haben, profitieren von deren enormen Wert- und Mietsteigerungen der letzten Jahre. Ein vergleichsweise junges Investitionsfeld sind die Bereiche Energieversorgung und Erneuerbare Energien, wie Windparks und Photovoltaikanlagen. Die Versicherungsunternehmen versprechen sich zum einen höhere planbare Erträge, zum anderen werden sie ohnehin durch Solvency II angehalten, mehr Nachhaltigkeitsaspekte bei ihren Kapitalanlagen zu berücksichtigen. Besonders die Stuttgarter Versicherung (Tarif „Grüne Rente"), die Allianz und die zur Bayerischen Beamten Lebensversicherung a.G gehörende Pangaea Life haben sich hier einen Namen gemacht. Wie hoch der Anteil der nach ESG-Kriterien ausgewählten Anlagen ist, lässt sich den Nachhaltigkeitsberichten der Versicherer entnehmen. Immer mehr verfolgen eine konsequente ESG-Strategie.

12.2.2 Die neuen Klassiker mit Geld-zurück-Garantie

Garantiezinsverträge sind wirtschaftlich unattraktiv – deshalb hat sich seit einigen Jahren eine neue Generation von Rentenversicherungen etabliert und immer weniger Versicherungen bieten Verträge mit dem Höchstrechnungszins an. Die neuen Modelle laufen unter Tarif-Bezeichnungen wie „Perspektive" (Allianz) oder Relax Rente Classic (AXA) und sind dem gleichen Anlagemanagement unterstellt wie die alten Garantiezinsverträge. Doch im Unterschied zu diesen sind die Garantien auf den Erhalt der vom Sparer eingezahlten Beiträge begrenzt.

Durch diese Garantieeinschränkung ersparen sich die Versicherungen Absicherungskosten und können den Kunden eine höhere Überschussbeteiligung in Aussicht stellen. Zumeist ist diese tatsächlich um bis 0,9 % höher als bei den alten Klassikern.

Unter den neuen Klassikern zählen besonders die **Indexpolicen** zu den Bestsellern. Doch anders als die Bezeichnung suggeriert, erfolgt die Kapitalanlage nicht ausschließlich am Aktienmarkt, sondern wie bei einer klassischen Rentenversicherung im konservativen Sicherungsvermögen (Deckungsstock) des Versicherers. Nur die im Versicherungsjahr erwirtschafteten Überschüsse profitieren von der Entwicklung des zugrunde liegenden Index. Das kann ein allgemein bekannter Aktienindex wie der Euro-Stoxx 50 oder der Dax sein, oder ein besonderer Index, der von der Versicherung kreiert ist. In guten Börsenjahren schlägt sich die Indexpartizipation auf den Rückkaufswert der Lebensversicherung nieder, in schlechten Börsenjahren wie wir es 2018 erlebten, stagniert der Wert der Verträge. Laut Berechnungen des Instituts für Vorsorge und Finanzplanung (IVFP) zufolge, lohnt sich jedoch auf Dauer die Beteiligung am Index.

In den letzten Jahren hat sich bei den indexnahen Vorsorgemodellen ein wahrer Kreativwettbewerb entwickelt, der jedoch zulasten der Vergleichbarkeit und Transparenz geht. Die Unterschiede zwischen den einzelnen Anbietern sind gewaltig, weshalb ich nur zu einer sachkundigen Beratung und dem Studium der Vertragsunterlagen rate. Nicht nur der zugrunde liegende Index hat Auswirkung auf den Verlauf der Vorsorge. Einige Anbieter begrenzen die Partizipation (zum Beispiel: 80 % der Wertentwicklung des zugrunde liegenden Index) oder deckeln mit sogenannten Caps die Erträge (zum Beispiel: maximal 4 % pro Monat). Viele Versicherungen, wie auch der Marktführer Allianz, bieten ihren Kunden eine jährliche Wahlmöglichkeit zwischen der Indexbeteiligung und der sicheren Verzinsung an. Bei dieser werden die vom Versicherer erzielten Deckungsstocküberschüsse schlicht dem Vertrag gutgeschrieben.

12.2.3 Fondspolicen

Neben den Klassikern der Altersvorsorge umfasst die dritte große Gruppe jene Verträge, bei denen Investmentfonds eine Rolle spielen. Während bei den neuen Klassikern nur die Überschüsse in Index- oder Investmentfonds angelegt werden, wird bei den Fondspolicen der gesamte Sparanteil in Investmentfonds investiert. Dahinter steckt die Idee, dass das angesparte Kapital durch die Einbindung an Aktien eine höhere Rendite und damit höhere Versicherungsleistungen erzielt. Ob dieses Ziel erreicht wird, hängt viel von der Qualität der selektierten Fonds ab. Deshalb ist es wichtig, dass Sie sich mit der Auswahl dieser Fonds beschäftigen, denn Sie haben die Möglichkeit diese gezielt auszuwählen. Jede Versicherung bietet zwar nicht alle in Deutschland verfügbaren Investmentfonds als Rückdeckung für die Fondspolicen an, doch in aller Regel ist die Auswahl ausreichend. Neben aktiv gemanagten Investmentfonds, zu denen auch nachhaltig-ökologische Produkte zählen, gehören auch Indexfonds (ETFs) und vom Versicherer gemanagte Depotmodelle zum Auswahlspektrum. Je nach Risikoempfinden und eigener Ertragserwartung entscheiden Sie sich zu mehr oder weniger Aktienanteil in Ihrer Fondspolice.

Ich empfehle, den Verlauf Ihrer gewählten Fonds jährlich zu überprüfen, denn Sie haben die Möglichkeit, die Fonds kostenlos zu wechseln. Wer ertragreiche Fonds gewählt hat, dem winken höhere Auszahlungen als bei klassischen Lebensversicherungen. Andersrum drohen Verluste, wenn die gewählten Investmentfonds dauerhaft negative Renditen erwirtschaften. Ganz generell gilt der Rat, dass der Anteil der Fonds mit Risiko, sprich Aktien und fremden Währungen, zum Ende der Vertragslaufzeit abnehmen sollte.

Fonds und Garantie – geht das? Reinrassige Fondspolicen, bei denen nur in Investmentfonds angelegt wird, weisen üblicherweise keine Garantien aus, die mit den Klassikern vergleichbar sind. Diese Unsicherheit wollen jedoch viele Vorsorgesparer nicht in Kauf nehmen. Deshalb bieten Versicherungen gemanagte Garantiefondskonzepte mit einer Kapitalerhaltungs- oder Rentengarantie. Auch hier gilt: Garantien kosten Geld und gehen zulasten des Chancenpotenzials.

12.3 Renditemaximierung oder Absicherung des langen Lebens – warum ich Rentenversicherungen richtig (gut) finde

Durch die niedrigen Zinsen am Kapitalmarkt ist bei vielen Menschen der Eindruck entstanden, dass sich private Rentenversicherungen nicht lohnen. Wessen Vertrag in Kürze fällig wird, erhält eine Auszahlung oder eine Rente, die mitunter erheblich unter der liegt, die bei Vertragsbeginn in Aussicht gestellt wurde. Bei neuen Verträgen sind die prognostizierten Ableistungen von vornherein vergleichsweise überschaubar und erzeugen den Gedanken, dass sich Vorsorge nicht lohnt.

Doch wer so denkt, verkennt den Grundgedanken einer Rentenversicherung. Die primäre Frage ist nicht, welche Rendite erzielt wird, sondern dass die Privatrente einen wichtigen und planbaren Beitrag für das Alter leisten muss. Es geht schlicht um die finanzielle Absicherung des Lebensstandards – und zwar für einen unbekannten und nicht begrenzten Zeitraum. Ich muss an dieser Stelle nochmals auf den demografischen Wandel eingehen. Wir werden älter, leben länger und benötigen deshalb für einen sehr langen Zeitraum unser Erspartes. So ist die Lebenserwartung in Deutschland in den letzten 30 Jahren zwischen 5,9 Jahren (Bremen) und 8,6 Jahren (Berlin) gestiegen. Die Bayern (81,3 Jahre) und Baden-Württemberger (81,8 Jahre) werden derzeit am ältesten (Max-Planck-Institut für demografische Forschung). Die gesetzliche Rente wird es künftig nicht mehr schaffen, den Lebensstandard des Berufslebens im Alter aufrechtzuerhalten. Den meisten ist das vertraut, denn das war zumeist die Motivation für den Vertragsabschluss. Viele Vorsorgesparer unterschätzen jedoch die eigene Lebenserwartung. Sie haben im Kopf, wie alt ihre Eltern oder Großeltern wurden und leiten davon ab, wie lange sie leben müssten, damit sich eine Rentenvorsorge lohnt. Auf www.7jahrelaenger.de gibt es einen amüsanten Lebenserwartungsrechner, der mit dem neuesten statischen Datenmaterial untermauert ist. Probieren Sie es aus: wer heute 30 ist, hat ein prognostizierte Lebensdauer von 90 Jahren.

Eine Rentenversicherung nimmt dem Kunden die Sorge, dass er länger lebt, als er Geld angespart hat. Versicherungen garantieren eine lebenslange Rente. Das allein reicht mir als Grund, weshalb diese Anlageprodukte einen wichtigen Platz in meiner Beratung haben.

12.4 Altverträge, Neuverträge – was hat es damit auf sich?

Jetzt kommt das Finanzamt ins Spiel. Versicherungsverträge, die bis zum 31.12.2004 abgeschlossen sind, profitieren von einem besonderen Steuerprivileg. Sofern mindestens fünf Jahre lang regelmäßige Beiträge gezahlt wurden, die Todesfallsumme über mindestens 60 % der

Beiträge lautet und die Vertragslaufzeit mindestens zwölf Jahren beträgt, ist die Kapitalzahlung komplett steuerfrei. Außerdem werden diese sogenannten Altverträge sehr viel besser verzinst, was sie schon deshalb attraktiv macht. Vertragsabschlüsse ab 01.01.2005 sind nicht mehr steuerbefreit, sondern nur noch steuerbegünstigt. Hier der Überblick über die Versteuerung von Kapitalzahlungen aus privaten Lebens- und Rentenversicherungen:

> **Übersicht**
>
> *Vertragsabschluss bis 31.12.2014 – Steuerfrei*
> Voraussetzung: 12 Jahre Mindestlaufzeit, 60 % Todesfallsumme, 5 Jahre Mindest-Beitragszahlungsdauer.
>
> *Vertragsabschluss ab 01.01.2005 – Steuerbegünstigt*
> Voraussetzung: Mindestalter bei Auszahlung der Versicherung 60, 50 % Todesfallsumme, 12 Jahre Mindestlaufzeit: Die Hälfte des Unterschiedsbetrags zwischen der Versicherungsleistung und der eingezahlten Beiträge, also 50 % des Gewinns, ist mit dem individuellen Steuersatz zu versteuern.
>
> *Vertragsabschluss ab 01.01.2012 – Steuerbegünstigt*
> Voraussetzung: Mindestalter bei Auszahlung der Versicherung 62, 50 % Todesfallsumme, 12 Jahre Mindestlaufzeit: Die Hälfte des Unterschiedsbetrags zwischen der Versicherungsleistung und der eingezahlten Beiträge, also 50 % des Gewinns, ist mit dem individuellen Steuersatz zu versteuern.

Bei der Auszahlung der Kapitalleistung behält die Versicherung automatisch die Kapitalertragsteuer in Höhe von 25 %, Solidaritätszuschlag und gegebenenfalls Kirchensteuer ein und führt sie an das Finanzamt ab. Die Berechnung erfolgt stets auf den vollen Unterschiedsbetrag, auch dann wenn eigentlich nur die Hälfte des Gewinns steuerpflichtig ist. Deshalb müssen fällige Versicherungsleistungen aus Verträgen nach dem 01.01.2005 immer in der persönlichen Steuererklärung angegeben werden. Der Kunde erhält hierfür eine Bescheinigung über die abgeführte Steuer, aus der auch hervorgeht, ob die Erträge voll oder nur zur Hälfte zu besteuern sind. Im Rahmen der sogenannten Günstigerprüfung prüft das Finanzamt, ob auf Grundlage der persönlichen Steuersituation des Sparers eine Rückerstattung von zu viel bezahlten Steuern infrage kommt. Nachzahlen muss man übrigens nicht, denn die Günstigerprüfung darf nie zu einer Verschlechterung für den Steuerzahler führen.

Liegt jedoch die Vertragslaufzeit unter 12 Jahren oder wird das Endalter von 60 oder 62 nicht eingehalten, unterliegt der volle Ertrag der Besteuerung. Die einbehaltenen Steuern von 25 % plus Soli haben dann eine abgeltende Wirkung (Abgeltungsteuer), auch wenn der persönliche Steuersatz des Versicherten höher ist.

12.5 Die lebenslange Privatrente hat den Steuerbonus

Anders als Riester- und Rürup-Renten unterliegen Renten aus privaten Rentenversicherungsverträgen der vorteilhaften Ertragsanteilsbesteuerung. Dabei spielt es keine Rolle, wann die Versicherung ursprünglich abgeschlossen und ob sie als Einmalvertrag („Sofortrente") oder sukzessive angespart wurde. Der Ertragsanteil ist ein fester Prozentsatz der Rentenzahlung. Er richtet sich nach dem Alter bei Rentenbeginn und bleibt während der gesamten Rentenbezugszeit konstant. Wer beispielsweise mit 67 in Rente geht muss nur 17 % der Rente mit seinem persönlichen Steuersatz versteuern (siehe Tab. 12.2).

Für mich ist das Steuerprivileg von lebenslangen Renten ein wichtiges Entscheidungskriterium im Auswahlprozess für die Geldanlage. Denn mit der Verteilung auf unterschiedliche Besteuerungssysteme reduzieren Sie die Belastungen im Alter.

Tab. 12.2 Ertragsanteilsbesteuerung (gültig seit dem 01.01.2005, § 22 EstG)

Rentenalter des Rentenberechtigten bei Beginn der Rentenzahlung (vollendete Lebensjahre)	Ertragsanteil in Prozent
59	23
60 und 61	22
62	21
63	20
64	19
65 und 66	18
67	17
68	16
69	15

12.6 Rürup-Rente – die Altersvorsorge für die Selbstständigen

… und gute verdienende Angestellte. Dazu später mehr. Sie lohnt sich, wenn es darum geht, einen sicheren Schutz mit steuerlichen Vorteilen zu verbinden. Denn je höher das zu versteuernde Einkommen, desto größer der Steuervorteil.

Die nach dem Ökonomen Bert Rürup benannte Rürup-Rente, besser bekannt als Basisrente, gibt es seit 2005. Sie richtet sich vor allem an Selbstständige und Unternehmer, die keine gesetzlichen Rentenansprüche erwirken. Es ist für diese Personen die einzige Möglichkeit, sinnvoll und mit Unterstützung des Staates eine private Altersvorsorge aufzubauen.

Die Rürup-Rente ist in ihrem Wesen nach eine Rentenversicherung, das heißt sie ist kapitalgedeckt und der Sparer kann sich das Modell – ob mit oder ohne Garantien – weitestgehend aussuchen. Eine Umlagefinanzierung wie bei der Gesetzlichen Rentenversicherung gibt es nicht, dennoch folgt sie ihr in vielerlei Hinsicht: die Rürup-Vorsorge ist weder vererbbar, übertragbar, beleihbar, pfändbar (Hartz IV-sicher!) noch kann sie als Kapitalzahlung abgerufen werden. Die Leistungen der Rürup-Rente erfolgen ausschließlich in Gestalt einer lebenslangen Leibrente, frühestens ab dem 62. Lebensjahr (Alt-Verträge vor 2012: ab 60). Hinsichtlich der späteren Besteuerung gelten die gleichen Regelungen wie bei der gesetzlichen Rente: Die ausbezahlte Rente muss mit dem persönlichen Steuersatz versteuert werden.

Was die Rürup-Rente so interessant macht, ist der Steuervorteil in der Ansparphase, wenn die steuerliche Belastung meist sehr hoch ist. So können 2019 bis zu 88 % des Beitrages als Altersvorsorgeaufwendungen steuerlich abgesetzt werden (siehe Tab. 12.3). Dieser Prozentsatz steigt kontinuierlich an, bis ab dem Jahr 2025 der Gesamtbetrag geltend gemacht werden kann. 2019 liegt dieser bei 24.305 EUR (Verheiratete 48.610 EUR).

> **Beispiel**
>
> Eine selbstständige Unternehmerin (50) erzielt Einkünfte in Höhe von 120.000 EUR pro Jahr. Weil sie bis auf eine alte Lebensversicherung keine Vorsorge getroffen hat, möchte sie den höchstmöglichen Betrag in die steuerbegünstigte Rürup-Vorsorge einzahlen:
>
> | | |
> |---|---|
> | Einzahlung in den Rürup-Vertrag | 24.305,00 EUR |
> | Steuerlich anrechenbar | 21.388,40 EUR |
> | Das ergibt eine Steuerersparnis von | 9474,96 EUR |
> | … und einen Nettoaufwand von | 14.825,04 EUR |
> | Die Förderquote liegt bei 39 % | |
>
> Bei gut verdienenden Angestellten, für die sich eine Rürup-Vorsorge ebenfalls auszahlt, müssen für die Ermittlung des steuerlich optimalen Anlagebetrags die Beiträge zur gesetzlichen Rentenversicherung (Kammerberufe: Beiträge zur berufsständischen Versorgungseinrichtung) abgezogen werden:

Höchstbetrag 2019	24.305,00 EUR
Abzgl. Deutsche Rentenversicherung: (Arbeitgeber- und -nehmeranteil)	14.954,00 EUR
Maximaler Sparbeitrag	9351,00 EUR
Steuerlich anrechenbar	8228,88 EUR
Das ergibt eine Steuerersparnis von	3646,08 EUR
… und einen Nettoaufwand von	5704,92 EUR
Die Förderquote liegt bei 39 %	

Sowohl vor Abschluss einer Rürup-Rente als auch wenn es um die Frage geht, in welcher Höhe möglicherweise jährliche Zuzahlungen sinnvoll sind, ist eine Steuerberatung sinnvoll.

Tipp für alle Selbstständigen: Schließen Sie die Rürup-Rente mit monatlichen Beiträgen ab, die Sie der Höhe nach auch bei einem finanziellen Engpass problemlos aufbringen können. In Jahren, in denen Sie gut verdienen, können Sie in den Rürup-Vertrag variable Zuzahlungen leisten. Jede Zuzahlung erhöht Ihren Rentenanspruch.

Tab. 12.3 Steuerentlastung und Steuerpflicht in der Basisvorsorge

Jahr	Anteil der Rürup-Einzahlung, der in der Ansparphase steuerlich geltend gemacht werden kann	Anteil der Rente, die dauerhaft der persönlichen Steuerpflicht unterliegt
2019	88	78
2020	90	80
2021	92	81
2022	94	82
2023	96	83
2024	98	84
2025	100	85
…	100	Plus 1 %-Sprünge
2040	100	100

12.7 10 Fragen rund um die Lebensversicherung

1. Ein finanzieller Engpass – was nun?
Elternzeit, Sabbatical, Arbeitslosigkeit oder eine Weiterbildung – es gibt viele Gründe, aus denen ein finanzieller Engpass entstehen kann. In solchen Phasen ist die Versuchung groß, seine Rentenversicherung aufzulösen. Von diesem Schritt rate ich vom Grundsatz her ab, denn eine Kündigung ist immer mit Nachteilen verbunden. Man verliert eine zusätzliche Altersvorsorge und muss finanzielle Verluste in Kauf nehmen. Ein Großteil der mit dem Vertrag verbundenen Kosten wird nämlich in den ersten Jahren von den Beiträgen abgezogen, sodass anfangs das Vertragsguthaben geringer ist als die Summe der eingezahlten Beiträge. Es gibt aber noch andere Gründe, die gegen die Auflösung sprechen: Wenn die Versicherung mit einer Berufsunfähigkeits-Zusatzversicherung verbunden ist, verlieren Sie nicht nur ihre Altersvorsorge, sondern auch die wichtige Einkommensvorsorge, falls Sie aus gesundheitlichen Gründen nicht mehr arbeiten können. Besser ist es, die Beiträge eine Zeitlang zu reduzieren oder den Vertrag kurzfristig ruhen zu lassen, also beitragsfrei zu stellen. Verpassen Sie jedoch nicht die Wiederaufnahme der Ratenzahlung nach 2 Jahren, sonst wird der Vertrag eingefroren. Das ist besonders ärgerlich bei Verträgen mit hohen Garantiezinsen.

Eine Alternative zur Kündigung sind Policendarlehen, die bis zur Höhe des aktuellen Rückkaufswerts gewährt werden können. Policendarlehen sind vergleichsweise teuer und sind deshalb nur für einen kurzen Zeitraum sinnvoll. Das Darlehen kann jederzeit zurückgezahlt werden, spätestens jedoch bei Ablauf oder im Leistungsfall der Versicherung.

Die dritte Möglichkeit, an Geld aus der Versicherung zu kommen, ist ein Verkauf der Police. Spezielle Finanzdienstleistungsunternehmen bieten dieses Modell an, bei dem der Vertrag von einem neuen Käufer fortgeführt wird. Weil jedoch nur sehr wenige Versicherungstarife hierfür infrage kommen, ist diese Option selten eine gute Lösung.

2. Sind Versicherungen teuer?

Versicherungen sind mit enormen Kosten verbunden, heißt es immer wieder. Und es stimmt ja auch, wenn man als Vergleich ein Sparkonto heranzieht. Doch dieser Vergleich wird dem komplexen Produkt „Rentenversicherung", bei der es um mehr als das bloße Ansammeln von Geldvermögen geht, nicht gerecht. Seit Inkrafttreten des Versicherungsvertragsgesetzes zum 01.01.2008 hat sich die Kostentransparenz der Versicherungen deutlich verbessert. Neben den Abschlusskosten, mit denen auch die Beratung finanziert wird, werden alle weiteren Kostenblöcke, wie Vertriebs-, Produkt- und Verwaltungskosten offen und transparent ausgewiesen. Ganz neu in diesem Zusammenhang ist die Reduction-in-yield-Methode (RIY). Aus dieser Kennziffer geht hervor, in welchem Maße die Kosten eines Vertrages die Rendite mindern. Ausgehend von einer prognostizierten Brutto-Performance wird nach Abzug der Kosten für Kapitalanlage, Garantie und Versicherungsmantel die Nettobeitragsrendite errechnet. So können verschiedene Anbieter miteinander verglichen werden – Voraussetzung ist, dass sich diese sehr ähnlich sind.

Natürlich ist es wichtig zu wissen, was ein Vertrag kostet. Die Kosten sollten aber nicht das alleinige Entscheidungskriterium für oder gegen ein Versicherungsprodukt sein. Viel wichtiger sind für mich die Finanzstärke des Versicherers und die erzielten Nettorenditen der Vergangenheit.

3. Was bedeutet der Run-off von Versicherungen?

Bei einem Run-off werden Versicherungsbestände für das Neugeschäft geschlossen und in aller Regel an andere Gesellschaften verkauft. Das geschieht zumeist, um hoch verzinste Altbestände vom Neugeschäft zu trennen. Auf den Konsolidierungsplattformen werden die Verträge kostengünstig verwaltet und vertragsgemäß fortgeführt, ohne dass neue Policen und damit auch Vertriebs- und Marketingkosten dazukommen. Auch wenn die Run-offs einiger namhafter Versicherungen erst einmal Unbehagen ausgelöst haben: Für die Kunden ändert sich nichts. Denn jede Bestandsübertragung setzt eine umfangreiche Prüfung der Versicherungsaufsicht voraus. Dazu gehört, dass Bestände nur an Lebensversicherungsunternehmen nach deutschem Recht und unter Aufsicht des BaFin verkauft werden können.

4. Wie kann ich für meine Hinterbliebenen vorsorgen?

Es gibt bei privaten Rentenversicherungen verschiedene Möglichkeiten, die sich zwischen Ansparphase und Rentenphase unterscheiden. Während der Ansparphase greift in aller Regel die Beitragsrückgewähr. Stirbt beispielsweise der Versicherte noch vor dem planmäßigen Rentenbeginn, erhalten seine Hinterbliebenen die eingezahlten Beiträge abzüglich Kosten aber inklusive der erzielten Überschüsse zurück. Als Hinterbliebener kann jeder eingetragen werden, es kommt nicht darauf an, mit ihm verwandt zu sein.

Während der Rentenphase spielt die sogenannte Rentengarantiezeit, oder auch Mindestlaufzeit, eine Rolle. Diese bezieht sich ausschließlich auf den Hinterbliebenen, denn für den Versicherten selbst, wird die Rente lebenslang bezahlt. Stirbt der Versicherte beispielsweise 5 Jahre nach Rentenbeginn und hat eine Rentengarantiezeit für 15 Jahre vereinbart, bekommen seine Bezugsberechtigten noch 10 Jahre die Rente weiterbezahlt. Üblich sind

Rentengarantiezeiten von 10 Jahren, einige Versicherer bieten sogar 23 Jahre Laufzeit an. Wer keine Angehörige zu versorgen hat, sollte lieber kurze Garantiezeiten wählen oder ganz darauf verzichten. Denn je länger die Garantiezeit, desto geringer die eigene Rente.

Zu guter Letzt sei noch die Beitragsrückgewähr nach Rentenbeginn zu erwähnen. In diesem Fall bekommen die Erben das Restguthaben aus der Versicherung, das noch nicht als Rente ausbezahlt wurde.

5. Was ist von speziellen Kinderpolicen zu halten?

Kinderpolicen ähneln den normalen privaten Rentenversicherungen. Während Versicherungsnehmer das Kind ist, bezahlen die Eltern die Beiträge und erst sehr viel später übernimmt das Kind, dann als Berufseinsteiger, die Beitragszahlungen. Bei einer Ausbildungsversicherung wird zudem das Leben des Beitragszahlers, meist ein Eltern- oder Großelternteil des Kindes, abgesichert. Denn wenn der Beitragszahler stirbt, übernimmt das Versicherungsunternehmen alle weiteren Einzahlungen in den Vertrag. Eine Besonderheit von Kinderpolicen ist, dass sie nicht miteinander vergleichbar sind. Manche Produkte beinhalten eine Option auf eine Berufsunfähigkeitsversicherung, andere wiederum haben Vorsorgebausteine für Pflege und Invalidität integriert. Kinderpolicen sind angesichts der langen Laufzeit vergleichsweise teuer. Es gibt andere Möglichkeiten, Geld für die Kleinen auf die Seite zu legen, zumal der finanzielle Bedarf meist schon viel früher entsteht.

6. Wie sicher ist mein Versicherungsunternehmen und was, wenn es in eine finanzielle Schieflage gerät?

Niedrige Zinsen, immer längere Rentenbezugszeiten und Risiken in der Kapitalanlage machen den Versicherern zu schaffen. Dennoch ist derzeit glücklicherweise kein Wackelkandidat in Sicht. Die Versicherungsaufsicht, die

die Lebensversicherungen regelmäßigen Stresstests unterzieht, hält kein Unternehmen für gefährdet. Und falls doch eine einzelne Gesellschaft insolvent wird, springt der Sicherungsfonds „Protektor" ein. Dieser funktioniert ähnlich dem Einlagensicherungsfonds bei den Banken und kam bisher einmal zum Einsatz, als 2003 die Mannheimer zahlungsunfähig wurde. Wenn jedoch ein großes Unternehmen kriselt, dürfte sich nach den Erkenntnissen der Finanzkrise der Staat einschalten. Aber gewiss ist auch das nicht.

Besser ist es daher, schon bei Vertragsabschluss auf die Solidität und die Finanzstärke der Gesellschaft zu achten. Unabhängige Ratingagenturen wie Morgen & Morgen, Assekurata oder Franke und Bornberg liefern mit ihren Analysen gute Indizien.

7. Der Ablauftermin naht und mit ihm die Qual der Wahl: Rente oder Kapital?

Bei Fälligkeit einer Lebens- oder Rentenversicherung entscheiden sich zwei von drei Vorsorgesparern (Forsa-Umfrage im Auftrag des GDV Gesamtverband der deutschen Versicherungswirtschaft) für die einmalige Kapitalauszahlung – und damit gegen die lebenslange Rente. Natürlich gibt es bei der Frage „Kapital oder Rente" kein eindeutiges „Richtig" oder „Falsch". Wer über andere regelmäßige Einkünfte im Alter, wie beispielsweise Mieterträge verfügt, oder wer krankheitsbedingt eine unterdurchschnittliche Lebenserwartung hat, wird sich sicher für die Auszahlung in einer Summe entscheiden. Für die Mehrzahl der Vorsorgesparer wird eine lebenslange, verlässliche Zusatzrente vielleicht die weitaus bessere Wahl sein.

Ich habe den Eindruck, dass das Risiko, länger zu leben als das ausbezahlte Geld reicht, von den meisten unterschätzt wird. Die Wissenschaft hat für dieses Verhaltensmuster übrigens eine kluge Erklärung: Eine Sache jetzt ganz zu besitzen, befriedigt mehr und erscheint uns wertvoller, als nur ein temporärer Bruchteil davon und die Aussicht auf mehr. Mit anderen Worten: Lieber jetzt das große Geld, als eine kleine lebenslange Rente. Diese so genannte „Gegenwartspräferenz" ist jedoch irrational und kann zu ökonomisch unvernünftigen Konsequenzen führen. Hier kann ein umfassender Altersvorsorgecheck helfen, bei dem alle vorhandenen Altersvorsorgemaßnahmen beleuchtet werden.

8. Was hat es mit IDD auf sich?

Seit 2018 gelten mit der Europäischen Insurance Distribution Directive (IDD) neue Regeln für den Versicherungsvertrieb, die mit der Versicherungsvermittlungsverordnung in deutsches Recht überführt wurde. IDD fällt im weitesten Sinne unter „Verbraucherschutz" und Ihr langjähriger Versicherungsmakler ist ebenso betroffen wie der Finanzberater bei der Bank oder online-Plattformen. Ziel ist es, Verbraucher transparenter zu informieren und besser zu beraten, denn dem Staat ist es ein Anliegen, dass Altersvorsorgeberatung nur in der Verantwortung von erfahrenen und kompetenten Finanzberatern liegt. Deshalb darf Versicherungen nur vermitteln, wer über die erforderliche Erfahrung und Kompetenz (Sachkunde) verfügt. Auch die Pflicht zur Weiterbildung ist gesetzlich verankert. Fragen Sie ihren Versicherungsberater ruhig, ob er schon Mitglied der Brancheninitiative „Gut beraten" ist.

9. Was ist eine Sofortrente? Und für wen ist sie geeignet?

Wer erbt oder nach einem Immobilienverkauf oder einer fälligen Lebensversicherung über einen größeren Geldbetrag verfügt, sollte sich mit dem Modell „Sofortrente" beschäftigen. Dabei wird ein größerer Einmalbetrag in eine Rentenversicherung einbezahlt, die im Gegenzug eine lebenslange Rente zusagt. Es entfällt also die bei Rentenversicherungen übliche lange Ansparzeit und Sie starten sofort mit der Rentenphase. Die Rentenzahlung, die in aller Regel einen Monat nach Einzahlung beginnt, setzt sich aus einem garantierten Teil und aus den variablen Überschüssen zusammen, die jährlich neu festgelegt werden. Die Überschüsse können schwanken, der garantierte Teil bleibt konstant. Kritiker bemängeln immer wieder, dass sich eine Sofortrente kaum lohnt, denn man müsse ja sehr alt werden, damit sich „das rechnet". Doch wer so argumentiert verkennt die Idee, die hinter der Sofortrente steckt, nämlich eine lebenslange zuverlässige Versorgung mit Liquidität. Alternative Renditebetrachtungen helfen da nur bedingt weiter, denn wer weiß schon, wie alt er wird. Die Sofortrente richtet sich an Anleger, die ihre laufenden Einnahmen im Alter aufstocken möchten und sich nicht darum kümmern müssen, dass dieses auch geschieht. Steuerlich gelten die gleichen Regeln wie bei den Rentenzahlungen aus angesparten Versicherungen: es gilt die günstige Ertragsanteilsversteuerung.

10. Britische Lebensversicherungen und die Folgen des Brexit. Was muss man wissen?

Britische Lebensversicherungen, und hier insbesondere die Unitised-With-Profit-Produkte (UWP), sind mit einer klassisch deutschen Rentenversicherung nicht vergleichbar. Während der Vertragslaufzeit besteht für den Versicherer größtmögliche Investmentfreiheit, weshalb der Aktienanteil in aller Regel höher ist als bei deutschen Angeboten. Um laufende Absicherungskosten zu sparen und die Anlagemöglichkeiten nicht zu schmälern, greifen Garantiezusagen nämlich erst zum Ende der Laufzeit.

Der Wertzuwachs der UWP-Verträge stammt zum einen aus den laufenden jährlichen Erhöhungen, die den garantierten Wert zum Ende der Vertragslaufzeit erhöhen. Außerdem kann durch einen Schlussbonus die Versicherungsleistung erhöht werden, wenn der tatsächliche

Kursverlauf des UWP-Fonds besser ist, als der durch die laufenden Erhöhungen geglättete Policenverlauf (Smoothing). Als Vorsorgesparer erhalten Sie stets den höheren Wert, weshalb die UWP-Verträge sowohl für die private als auch betriebliche Altersvorsorge ideal geeignet sind.

Der nahende Brexit sorgt nun für Verunsicherung, denn britische Lebensversicherungen würden nach dem Brexit ihre Zulassungsrechte für die Europäische Union verlieren. Um dieses zu verhindern, übertragen bereits einige Anbieter ihren Vertragsbestand auf Tochterunternehmen in der EU, bevorzugt nach Irland. Die dortige Finanzaufsicht ist dann für die Überwachung der Unternehmen zuständig. Für die Versicherungskunden hat das keine unmittelbare Auswirkung. Für alle Verträge gilt nach wie vor deutsches Steuer- und Vertragsrecht und auch die Rechtsaufsicht bleibt bei der BaFin (Bundesanstalt für Finanzdienstleistungsaufsicht). Seien Sie also wachsam, wenn Ihnen irgendwer den Rat erteilt, Ihren Vertrag wegen des Brexits zu kündigen. Es gibt keine Veranlassung dazu und wer seine Police vor Ablauf kündigt, verliert unter Umständen viel Geld.

13

Der stille Star der Altersvorsorge: die Riester-Rente

Zusammenfassung Die Riester-Rente steht unter Dauerbeschuss, von Anfang an hagelte es Kritik. Zu Unrecht! Es wird Zeit, mit den Vorurteilen aufzuräumen, denn die Riester-Rente ist besser als ihr Ruf. In diesem Kapitel beleuchte ich die Vorzüge der staatlich geförderten Altersvorsorge, von denen vor allem Frauen profitieren und die 2018 nochmals verbessert wurde.

Starten Sie mit einer kleinen Umfrage bei Ihren Kollegen, Ihren Geschwistern oder Freunden, was ihnen zur Riester-Rente einfällt. Meine Prognose: Der eine bereut, dass er eine abgeschlossen hat und der andere wusste schon immer, „dass das nichts taugt". Tatsächlich stagniert die Zahl der Riester-Verträge seit einigen Jahren. Ende 2018 veröffentlicht das Bundesministerium für Arbeit und Soziales (BMAS), das für die Riester-Rente verantwortlich ist, einen Bestand von 16,6 Mio. Verträgen, wobei der Anteil der ruhenden Verträge auf 20 % geschätzt wird. Fünf Jahre zuvor zählte das BMAS 16,0 Mio. Verträge. In einem Zeitraum, in dem die Beschäftigung in Deutschland deutlich gewachsen ist (+7 %), steht damit das Riestern auf der Stelle. Nur jeder vierte Erwerbstätige „riestert".

Das klingt ernüchternd, wenn man sich zurück erinnert, aus welchem Anlass und mit welcher Begeisterung die Riester-Altersvorsorge 2002 gestartet ist. Weil wir alle immer älter werden und damit über einen sehr viel längeren Zeitraum Renten beziehen, wurde in der gesetzlichen Rentenversicherung der sogenannte Demografiefaktor eingeführt. Er trägt zur Generationengerechtigkeit bei, denn immer weniger aktive Beitragszahler stehen einer wachsenden Anzahl künftiger Rentner gegenüber. Zwangsläufig führt das zu einer Absenkung des Rentenniveaus. Die Riester-Rente soll diese Lücke schließen. Lohnt alles nicht, sagen die Kritiker, und verweisen auf die Kosten (zu hoch), die Anlageergebnisse (nicht rentabel) und das Produkt selbst (zu kompliziert, nicht zeitgemäß). Tatsächlich ist die Riester-Rente kein einfaches Altersvorsorge-Produkt, das man mal eben im Coffee-Shop abschließt. Ich bin dennoch eine Befürworterin der Riester-Rente, gestehe aber auch: es gibt viel Verbesserungspotenzial. Doch der Reihe nach.

13.1 Zulagen und Steuervorteile: Die Förderung macht Riestern so attraktiv

An der Grundüberlegung hat sich seit dem Start nichts geändert: Wer jährlich 4 % seines Vorjahreseinkommens in einen zertifizierten Riester-Vertrag anspart, unterstützt der Staat mit Zulagen und Steuervorteilen. Insgesamt ist die förderfähige Sparleistung auf 2100 EUR pro Jahr begrenzt, wobei die Zulagen auf den Eigenanteil angerechnet werden. Wer weniger als die 4 % einzahlt, bekommt die Zulagen nur anteilig. Wie alle klassischen Produkte der Altersvorsorge wird die Riester-Rente lebenslang bezahlt.

Für den Sparer selbst beträgt die jährliche Grundzulage 175 EUR, für jedes ab 2008 geborene Kind 300 EUR (davor 185 EUR) und zwar so lange, wie Anspruch auf Kindergeld besteht. Bei zusammenlebenden Ehepartnern erhält grundsätzlich die Mutter die Kinderzulage, andernfalls der derjenige Elternteil, das Kindergeld erhält. Wer möchte, kann das ändern. Berufseinsteiger bis 25 Jahren erhalten bei Vertragsabschluss einen einmaligen Startbonus von 200 EUR.

> **Beispiel I**
>
> In einer vierköpfigen Familie (Vater, Mutter, zwei Kinder nach 2007 geboren) verdient der Ehemann 30.000 EUR im Jahr; die Ehefrau arbeitet Teilzeit und verdient 12.000 EUR jährlich. Beide Ehepartner erhalten jeweils eine Kinderzulage.
>
> Im Fall der Ehefrau entsprechen 4 % des Vorjahreseinkommens einem Betrag von 12.000 EUR × 4 % = 480 EUR. Davon werden die Grundzulage (175 EUR) und eine Kinderzulage (300 EUR) abgezogen. Da die Zulagen fast so hoch sind, dass fast keine eigenen Zahlungen mehr erbracht werden müssten (480 − 475 = 5 EUR), kommt die Regelung des Mindestbeitrags von 60 EUR zur Anwendung. Die Ehefrau zahlt demnach 60 EUR in ihren Riester-Vertrag ein.
>
> Beim Ehemann entsprechen 4 % des Vorjahreseinkommens 1200 EUR (30.000 EUR × 4 %). Davon kann er seine Grundzulage und eine Kinderzulage abziehen, sodass er 725 EUR auf seinen Riester-Vertrag einzahlen muss.
>
> Betrachtet man die gesamte Familie, kommen zu eigenen Einzahlungen von 785 EUR weitere 950 EUR an staatlichen Zulagen dazu (Bundesministerium für Arbeit und Soziales 2019).

Die Zulagen werden über einen so genannten Dauerzulagenantrag bei der Zentralen Zulagenstelle für Altersvermögen beantragt und landen direkt auf dem Riester-Vertrag, wo sie zusammen mit den Sparraten bis zum Rentenbeginn angelegt werden.

Gleich zu Beginn der Rentenphase können 30 % des Kapitals als Einmalzahlung vom Sparer abgerufen werden. Vom verbleibenden Rest wird dann eine lebenslange Rente gebildet. In der Rentenphase ist die Riester-Rente frei von Sozialabgaben, allerdings unterliegt sie komplett der persönlichen Besteuerung. Doch weil im Alter der persönliche Steuersatz meist niedriger ist, sollte dieser Nachteil nicht allzu schwer ins Gewicht fallen.

Beispiel II

Stephanie ist 36 Jahre und alleinerziehend. Ihr Sohn Luis ist 2015 geboren. Als Assistentin in einem Softwareunternehmen liegt ihr Jahresbruttoverdienst bei 36.000 EUR. Sie entscheidet sich für eine Indexpolice, bei der ein Teil des Ersparten von der Entwicklung der Aktienmärkte profitiert.

- Ihre jährlichen Zulagen: 175 EUR Grund- und 300 EUR Kinderzulage.
- Die höchstmögliche Förderquote erzielt sie, wenn sie 965 EUR (4 % von 36.000 EUR = 1440 EUR abzüglich Grund- und Kinderzulage von zusammen 475 EUR) pro Jahr anspart.
- Wenn Sie freiwillig mehr ansparen möchte, weil ihr das Vorsorgemodell gut gefällt, kann Sie das bis zur maximalen Grenze von 2100 EUR pro Jahr tun. Damit wird sie auch Steuervorteile generieren und ihre Altersvorsorge ausbauen.
- Zu Rentenbeginn 2051 beträgt die garantierte monatliche Rente 142,44 EUR, vorausgesetzt, dass die eigene Sparrate erhöht wird, wenn Luis nicht mehr kindergeldberechtigt ist.
- Zusammen mit den Überschüssen, die nicht garantiert sind, stellt die Versicherung eine lebenslange monatliche Gesamtrente auf 309 EUR in Aussicht (Renditeannahme

4 % Rendite vor Kosten, mit der derzeit prognostizierten steigenden Lebenserwartung, Quelle: Allianz, Produkt: Index-Select).
- Zu Rentenbeginn würde bei gleicher Renditeprognose ein Kapital von 73.483 EUR erreicht werden. 30 % davon können einmalig auf Wunsch ausbezahlt werden

Für Stephanie ergeben sich drei Erkenntnisse:

1. Wenn das staatliche Kindergeld für Luis ausläuft, muss sie ihre Riester-Sparrate von derzeit monatlich rund 80 EUR auf 105 EUR erhöhen, um das in Aussicht gestellte Rentenziel zu erreichen.
2. Während der gesamten Vertragsdauer kassiert sie 10.825 EUR (5400+5425) an staatlichen Zulagen. Sie fragt sich, warum die Kritiker von einer unrentablen Geldanlage sprechen.
3. Allerdings wird ihr klar, dass sich mit der Riester-Rente keine Reichtümer ansammeln und sie als alleinige zusätzliche Altersvorsorge nicht ausreichen wird.

Ein weiterer Vorteil sind Steuervorteile, die das Riestern auch für höhere Einkommen interessant macht. Denn zusätzlich können die gezahlten Beiträge bis zu 2100 EUR pro Jahr als Sonderausgaben von der Steuer abgesetzt werden. Ist die Steuerersparnis höher als die erhaltenen Zulagen, gibt es die Differenz als Steuerrückzahlung. Das Finanzamt prüft ganz automatisch, was vorteilhafter ist (Günstigerprüfung).

Beispiel III

Barbara (41) ist Single und bezieht als Personalmanagerin ein festes Einkommen von 80.000 EUR sowie erfolgsabhängige variable Tantiemen. Sie spart den Höchstbetrag von 2100 EUR an und bekommt dafür die jährliche Grundzulage von 175 EUR. In ihrer jährlichen Einkommensteuererklärung gibt sie die 2100 EUR als Altersvorsorgeaufwendungen an, was eine zusätzliche Steuerrückzahlung von rund 745 EUR

> bedeutet. Unter dem Strich zahlt Barbara nur 1180 EUR aus eigener Tasche oder anders herum: Der Staat beteiligt sich zu 43,8 % an ihrer Altersvorsorge. Ihre lebenslange Rente beträgt rund 317 EUR (Allianz; gleiche Produktannahmen wie unter Beispiel I).

13.2 Das Produktangebot ist vielfältig, Unterschiede gibt es aber vor allem bei der Rente

65 % aller Riester-Verträge sind Versicherungsprodukte, die auch in meiner Beratung eine wichtige Rolle spielen, gefolgt von den Fondssparplänen mit einem Anteil von 20 %. Die übrigen 15 % bilden Banksparpläne und der Wohnriester, der erst später eingeführt wurde.

Die vier Modelle unterscheiden sich nicht nur darin, wie das Geld während der Sparphase angelegt wird. Erhebliche Unterschiede treten zutage, wenn die Rentenphase beginnt.

Banksparpläne sind im aktuellen Nullzinsumfeld völlig unattraktiv und deshalb mittlerweile bedeutungslos. Der Wohnriester führt ebenso ein Nischendasein, und zwar aus gutem Grund wie ich meine:

Beim **Wohnriester** („Mietfreies Wohnen im Alter") fließen üblicherweise die Zulagen und Sparraten direkt auf das Immobilienkreditkonto und reduzieren den dortigen Schuldenstand. Parallel dazu führt die Zentrale Zulagenstelle ein sogenanntes Wohnförderkonto, auf dem alle Zulagen und Tilgungsraten gespeichert und fiktiv mit 2 % verzinst werden. Zu Rentenbeginn wird der Saldo rechnerisch in eine lebenslange Rente umgewandelt, da die Riester-Rente versteuert werden muss. Da es sich um ein fiktives Guthaben handelt, fließt kein Geld, muss aber dennoch versteuert werden. Ich erachte den Wohnriester vor allem deshalb als Fehlkonstruktion, denn das ursprüngliche Ziel der Riester-Entwickler, die Schaffung einer zusätzlichen liquiden Rente, wird nicht erreicht.

Bei einem **Versicherungsriester** – egal ob als klassisches Modell oder als Fondspolice – steht bereits bei Abschluss des Vertrages fest, wie hoch die spätere Garantierente ausfallen wird. Das schafft Planungssicherheit, denn von Beginn an wird einkalkuliert, mit welcher Lebenserwartung der Sparer rechnen kann. Überschüsse können die Rente noch erhöhen.

Bei den **Riester-Fondssparplänen** fließt im Unterschied zu den Versicherungsprodukten das Geld komplett in Investmentfonds, deren Ertragsaussichten dank höherer Aktienanteile höher sind. Bis zum Rentenbeginn kann sich so ein größeres Guthaben ansammeln. Die strikten Versicherungsgegner vergleichen genau diese Anlagerendite dann gern mit dem Versicherungsvorschlag und fühlen sich in ihre Haltung bestätigt: Versicherungen taugen nichts. Doch so einfach ist es nicht, denn auch die Fondsanbieter müssen eine lebenslange Rente garantieren. Dazu schichten sie zu Rentenbeginn ungefähr 30 % des angesparten Geldes in eine konventionelle Rentenversicherung um, die ab dem 85. Lebensjahr verrentet wird. Die restlichen 70 % werden in einen Fondsauszahlplan umgewandelt. Deshalb können Fondsanbieter meist erst 12–24 Monate vor Rentenbeginn eine Aussage zur Rentenhöhe treffen.

Beide Modelle haben ihre Vor- und Nachteile, beide sind aber empfehlenswerte Vorsorgeprodukte, die sich auch in Bezug auf die Kosten wenig nehmen. Ganz generell ist die Riester-Altersvorsorge aber kein preisgünstiges Produkt. Eine gute Beratung und das komplizierte Zulagenverfahren können nicht zum Nulltarif bereitgestellt werden. Wie hoch die Kosten sowie die möglichen

Ertragschancen und Risiken Ihres Riester-Vertrags sind, kann im Produktinformationsblatt (PIB) nachgelesen werden. Seit 2017 ist es ein verpflichtender Bestandteil, den jeder Sparer vor Abschluss erhält.

13.3 Riester ist ein Frauenprodukt

Geldanlagen, die von pfiffigen Marketingstrategen gern als Frauenprodukte adressiert werden, lehne ich grundsätzlich ab. Aber bei der Riester-Rente mache ich eine Ausnahme. Natürlich richtet sich Riester mit seiner Unisex-Rente an Männer und Frauen gleichermaßen, doch gerade für Frauen, die mit brüchigen Erwerbsbiografien zu kämpfen haben, ist dieses Vorsorgeprodukt ein Gewinn. Deshalb überrascht es nicht, dass 57 % aller Verträge von Frauen sind, die 70 % aller Zulagen erhalten. Denn wer kein eigenes Einkommen hat und der Kinder wegen beruflich kürzer tritt, muss nur den Sockelbetrag von 60 EUR pro Jahr zahlen, um die gesamte Förderung aus Grund- und Kinderzulage zu erhalten.

Ein großes Plus ist zudem die Flexibilität, denn die Beiträge lassen sich nach Belieben anpassen. Im Gegensatz zur betrieblichen Altersvorsorge ist die Riester-Rente an keinen Arbeitgeber gebunden und Sie können sich das Anlagemodell aussuchen.

Schade nur, dass der Kreis der unmittelbar Begünstigten begrenzt ist. Nur wer in der gesetzlichen Rentenversicherung pflichtversichert oder verbeamtet ist, kann vollumfänglich riestern. Damit scheiden alle Ärztinnen, Architekten und andere Angehörige der freien Berufe aus. Unter den Selbstständigen haben nur Künstler und Publizisten, die in der Künstlersozialkasse versicherungspflichtig sind, einen Zugang zur Riester-Rente. Für Ehepaare, bei denen einer zum unmittelbar begünstigten Personenkreis zählt, greift eine Ausnahmeregelung.

Und weil wir noch beim Thema Frauenprodukt sind: Sicherheit bei der Altersvorsorge steht bei vielen Frauen hoch im Kurs. Auch deshalb ist die Riester-Rente empfehlenswert, denn alle eigenen Sparbeiträge und alle bezahlten Zulagen sind zum Rentenbeginn zu 100 % garantiert. Vermögensschwankungen, die während der Laufzeit vor allem bei den aktiennahen Vorsorgeprodukten auftreten, können Sie also gelassen entgegen sehen.

Zu Thema Sicherheit passt auch, dass in der Ansparphase das aufgebaute Vermögen vor Gläubigerzugriffen geschützt ist, zum Beispiel bei einer Privatinsolvenz. Das stellte der BGH in einem Grundsatzurteil vor einigen Jahren nochmals klar. Allerdings verknüpften die Richter den Pfändungsschutz mit der Bedingung, dass ein Zulagenantrag gestellt wurde. Wer diesen vergisst, hat gleich ein doppeltes Nachsehen: er bekommt keine Zulagen und muss im schlimmsten Fall um sein Erspartes fürchten. In der Rentenphase wird seit dem 01.01.2018 die Riester-Rente nicht mehr auf die staatliche Grundsicherung angerechnet, allerdings nur bis zu einer bestimmten Höhe. Warum der Gesetzgeber nicht einfach die komplette Rente freistellt und stattdessen mit einer zweistufigen Freibetragsregelung unnötige Bürokratie verursacht, ist mir allerdings ein Rätsel.

13.4 Fünf vor Zwölf: Die Riester-Rente muss besser werden

Ich fasse zusammen: Hohe Sicherheit, umfangreiche Förderungen, viel Flexibilität. Dennoch begeistern sich immer weniger Menschen für das Riestern. Deshalb fordern Finanzdienstleister seit Jahren eine radikale Reform, in dessen Zentrum eine Vereinfachung der Förderung und eine Anhebung des Höchstbetrags stehen. Seit 2001 ist dieser bei 2100 EUR festzementiert. Eine weitere Überlegung geht dahin gehend, alle Steuerpflichtigen zum förderfähigen Personenkreis einzubeziehen, denn die Notwendigkeit zur privaten Altersvorsorge hat jeder.

Zu guter Letzt wird auch eine Lockerung der Riester-Garantie diskutiert, denn unter dem Einfluss der gegenwärtigen Niedrigzinsphase sind 100 %-Garantien wahre Renditekiller. Je größer die Differenz zwischen dem risikolosen Zins und chancenreicheren Aktien, umso teurer ist die Absicherung. Dieser Renditeverlust wird als Kosten empfunden und ist sicher auch eine Erklärung, warum Riester als teuer und unattraktiv empfunden wird. Besonders Verträge mit kurzer Spardauer erreichen keinen nennenswerten Zuwachs.

Eine Binsenweisheit besagt: Der Topf muss zum Deckel passen – beim Riestern gilt dieses ganz besonders, damit aus einer geförderten Altersvorsorge auch eine gute Altersvorsorge wird.

14

Damit die Immobilie nicht zur Last wird

Zusammenfassung Ein beständiges Thema in meiner Beratungspraxis ist der Wunsch nach der eigenen Immobilie. Das ist verständlich, denn die Aussicht auf mietfreies Wohnen im Alter ist für den Eigennutzer ebenso lohnend wie eine vermietete Wohnung eine stabile Zusatz-Rente verspricht. Ist die Immobilie als Altersvorsorge unverzichtbar?

Kaufen oder mieten? Das seit Jahren historisch tiefe Zinsniveau hat den Wunsch vieler Menschen nach Wohneigentum noch einmal beschleunigt. Denn dank der niedrigen Kreditzinsen ist der Immobilienerwerb erschwinglicher geworden. Wer im Mai 2019 einen grundschuldbesicherten Kredit mit einer Sollzinsbindung über 15 Jahre abschließt, zahlt beim besten Anbieter einen Kreditzins von nur 1,10 % (Baufinanzierungsplattform Interhyp.de).

Eben jenes Niedrigzinsniveau ist auch der Grund, warum die vermietete Immobilie als Kapitalanlage gefragt ist: wo es keine Zinsen gibt, locken Mieteinnahmen als sichere und stabile Zusatz-Rente. Zudem haben viele Investoren die letzten Finanzkrisen noch lebhaft in Erinnerung und sehen in Immobilien das geeignete Instrument, ihr Geld in Sicherheit zu bringen.

Mittlerweile leben gut 42 % der deutschen Haushalte in den eigenen vier Wänden, den Rest (58 %) bilden Mieterhaushalte. Deutschland zählt damit in Europa zu den Ländern mit den wenigsten Immobilienbesitzern (Statistischen Bundesamt 2018). Einer der Gründe dafür ist sicher die traditionelle Dominanz des Mietmarkts hierzulande, seit nach Ende des 2. Weltkrieges der Soziale Wohnungsbau ein wichtiges Instrument der Wohnungspolitik wurde. Ein weiterer Grund ist die Preisentwicklung, deren Ausmaß mittlerweile abenteuerlich ist. Dank des Zuzugs in die großen Städte, der Zuwanderung generell und des stabilen Wirtschaftsumfelds stiegen zwischen 2008 und 2018 die Preise für selbst genutztes Wohneigentum um mehr als 40 %. Ich erlebe, dass Quadratmeterpreise von 20.000 EUR und mehr in München keine Seltenheit mehr sind und ich spreche hier nicht von den Top-Lagen. In den Metropolen Deutschlands sind die Preise seit 2009 sogar um 95 % nach oben gegangen (DB Research).

Ich möchte allerdings auch nicht unerwähnt lassen, dass sich der deutsche Aktienindex DAX im gleichen Zeitraum verdreifacht hat… Doch wen der Wunsch nach einer Immobilie treibt, interessiert das nicht. Während Anleger das aktuelle Kursniveau des Aktienmarktes argwöhnisch verfolgen und in jedem neuen Kursrekord eine Blase wittern, ist bei der Bewertung von Immobilien ein merkwürdiger Fatalismus erkennbar. Die Preisentwicklung von Immobilien wird als normal und logisch akzeptiert, die Preisentwicklung von SAP- oder Novartis-Aktien aber infrage gestellt. Ich vermute, dass diesem Gedanke der Glaube zugrunde liegt, dass man mit der Wohnung oder dem Haus einen „echten Wert" hat, dem einem keiner nimmt. Quasi eine Versicherung für unsichere Zeiten.

Niedrige Zinsen allein sind kein Argument für den Immobilienerwerb
Die Immobilie als Altersvorsorge hat ihre Berechtigung, jedoch dürfen die mit dem Erwerb verbundenen langfristigen Risiken und Einschränkungen nicht ausgeblendet werden. Zudem lassen viele Anleger die Kosten, die mit einer Immobilie einhergehen, außer Acht. Von Maklerkosten, Notargebühren, Grunderwerbssteuern, über die laufenden Nebenkosten bis hin zu späteren Instandhaltungsinvestitionen können durchaus mehrere zehntausende Euro zusammen kommen. Schulden per se sind keine Schande. Doch manche jungen Familien nehmen beängstigend hohe Darlehen auf, um sich ihren Traum von der eigenen Immobilie zu erfüllen. Der Plan geht auf, solange der Job sicher, die Partnerschaft intakt, der Kreditzins auch nach Ende der Zinsbindung niedrig ist und keine unerwarteten Ausgaben drohen.

Doch oftmals führen die in weite Ferne liegenden Wendepunkte des Lebens dazu, dass sich die steinerne Altersvorsorge in eine schwere Last verwandelt: ein beruflicher Ortswechsel, der Verlust der eigenen Erwerbsfähigkeit oder die Trennung vom Partner. Wer sein Leben ad hoc ändern muss und es mit dem Verkauf eilig hat, muss auch schlechte Preise akzeptieren.

Viele Immobilienbesitzer können sich nicht vorstellen, dass die Immobilienpreise stagnieren oder gar fallen könnten. Man muss ja nicht gleich das Platzen einer Preisblase fürchten, aber eine Wirtschaftsflaute, ein Anziehen der Hypothekenzinsen, eine Ausweitung staatlicher Wohnbauförderung oder vielleicht sogar noch strengere Vorschriften für klimaneutrales Bauen könnten für ein Ende des Preisanstiegs sprechen. Strukturschwachen Gebieten droht Leerstand – und Preisverfall. Bis zum Jahr 2022 prognostizieren die Analysten von DB Research eine Fortsetzung des Immobilienpreiszyklus – sprich Preise und Mieten werden im Wohnungsmarkt weiter steigen – allerdings dürfte die regionale Divergenz stark zunehmen.

Das gilt übrigens auch für Investoren, die eine Immobilie als zusätzliche Einnahmequelle für ihr Alter suchen. Schon jetzt erzielen Kapitalanlageimmobilien in den Top-Lagen unter Berücksichtigung aller Nebenkosten keine nennenswert attraktiven Mietrenditen mehr.

Ich möchte niemandem den Traum vom Eigenheim zerstören – rate aber dazu, einen kühlen Kopf zu bewahren. Wer das Für und Wider einer solchen Entscheidung abwägt, sollte nicht nur prüfen, wie sich das Vorhaben rechnet, sondern auch hinterfragen, ob der Immobilienkauf zum eigenen Lebensplan passt oder „macht man das nur, weil das jetzt alle machen". Es gibt immer Alternativen.

15

Rente statt Gehalt: die betriebliche Altersvorsorge rechnet sich

Zusammenfassung Es gibt wenige Finanzprodukte, die die Voraussetzungen erfüllen, als Patentlösung im Kampf gegen Altersarmut zu gelten. Die betriebliche Altersvorsorge, die mit dem Betriebsrentenstärkungsgesetz zum 01.01.2018 nochmals verbessert wurde, verdient in meinen Augen diese Auszeichnung. Sowohl Geringverdiener als auch Top-Verdiener profitieren von ihr. Woran liegt es also, dass nur jede 2. berufstätige Frau eine Betriebsrente hat?

Die betriebliche Altersversorgung (BAV) umfasst alle Altersvorsorgemaßnahmen, die ein Arbeitgeber seinen Mitarbeitern zusagt. Die Möglichkeit, über den Betrieb eine Altersvorsorge aufzubauen hat jeder, auch wenn nicht jeder das Glück hat, dass sich der Arbeitgeber an den Beiträgen beteiligt. Doch ob so oder so: die BAV ist eine der besten Möglichkeiten, eine zusätzliche Altersvorsorge aufzubauen und dabei Steuern und Sozialversicherungsbeiträge zu sparen. Der Fiskus greift erst im Rentenalter zu, wenn die steuerliche Belastung für die meisten ohnehin sehr viel geringer ist.

Mit keiner anderen Vorsorge ist die Entbehrung weniger spürbar, doch die Vorteile finden nicht überall Gehör. Laut einem Forschungsbericht von TNS Infratest Sozialforschung aus dem Jahr 2016 sorgen nur 56 % der Frauen und 58 % der Männer mit einer betrieblichen Altersvorsorge vor (Anteil an den sozialversicherungspflichtigen Beschäftigten). Die Verbreitung schwankt zudem nach Bundesland, Unternehmensgröße und Branche. Bei kleineren Betrieben, Arztpraxen, soziale Einrichtungen und der Gastronomie, also Branchen in denen traditionell viele Frauen arbeiten, ist sie BAV-Quote sehr gering.

Jeder, der angestellt arbeitet – vom Auszubildenden über die Teilzeit-Kollegin bis hin zur Geschäftsführerin – hat einen gesetzlichen Anspruch darauf, Teile des Lohnes oder des Gehalts für die betriebliche Altersversorgung aufzuwenden. Dieser Rechtsanspruch gilt allerdings nur für die Entgeltumwandlung (Gehaltsverzicht des Arbeitnehmers), bei der drei versicherungsförmige Durchführungswege im Mittelpunkt stehen: Pensionskasse, Pensionsfonds sowie die Direktversicherung. Die Direktversicherung ist mit einem Anteil von mehr als 50 % das beliebteste Modell. Die Einzahlungen hierin sind begrenzt, was für die beiden nicht-versicherungsförmigen Wege Pensionszusage und Unterstützungskasse nicht gilt. In diesen können Einzahlungen in unbegrenzter Höhe geleistet werden (siehe Tab. 15.1).

Bei der **Direktversicherung** schließt der Arbeitgeber eine Rentenversicherung zugunsten des Arbeitnehmers ab, der gleichzeitig auch der Begünstigte des Vertrags ist. Rechtlich betrachtet ist das Unternehmen der Versicherungsnehmer, während der Mitarbeiter in die Position der versicherten Person rückt. Direktversicherungen unterliegen der staatlichen Versicherungsaufsicht und damit den

Tab. 15.1 Die Modelle der betrieblichen Altersvorsorge im Überblick

	Direkt-versicherung	Pensionskasse	Pensionsfonds	Unterstützungskasse	Pensionszusage
Beiträge steuerfrei	Bis 8 % der BBG (2019: 536 EUR)			Unbegrenzt	
Beiträge sozialversicherungsfrei	Bis 4 % der BBG (2019: 268 EUR)				
Verpflichtender Zuschuss vom Arbeitgeber	15 % des Beitrags, max. die Sozialversicherungsersparnis des Arbeitgebers			Keine Verpflichtung	
Riester-Förderung	Möglich			Nicht möglich	
Leistungszusage laut Versorgungsordnung des Betriebs	Üblich ist die beitragsorientierte Leistungszusage, bei der sämtliche Überschussanteile zur Leistungserhöhung verwendet werden.			Üblich ist die reine Beitragszusage	
Nachgelagerte Besteuerung (§ 3 Nr. 63 EStG)	Rente oder Kapital unterliegen der vollen persönlichen Steuerpflicht				
Beitragspflicht zur GKV/Pflege in der Rentenphase	Ja, nur bei gesetzlicher Krankenversicherung (Ausnahme: Riester-geförderte BAV)				

strengen Anlagerichtlinien, die für Versicherungen gelten. Falls Ihr Betrieb keinen eigenen Gruppentarif anbietet, was bei kleinen, mittelständischen und ausländischen Unternehmen die gängige Praxis ist, wenden Sie sich am besten an einen unabhängigen Versicherungsmakler oder Finanzberater, der Ihnen ein Angebot nach Ihren Wünschen erstellt, das Sie dann Ihrer Personalabteilung vorlegen.

Bis vor kurzem war der Betrieb nicht verpflichtet, sich an der BAV des Arbeitnehmers zu beteiligen. Freiwillige Arbeitgeberleistungen hingen häufig mit der Dauer der Betriebszugehörigkeit oder mit der Größe des Unternehmens zusammen. Das wurde mit der neuen Gesetzgebung verbessert, denn für alle seit 01.01.2019 abgeschlossenen Direktversicherungen muss der Arbeitgeber einen Zuschuss von 15 % des Entgeltumwandlungsbetrags direkt in die Police einzahlen (derzeit maximal 40,20 EUR monatlich). Das gilt auch für Pensionskasse und Pensionsfonds. 15 % entsprechen dem, was der Arbeitgeber an Sozialversicherungsbeiträgen einspart. Bereits bestehende Entgeltumwandlungen profitieren erst ab 2022 von der Neuregelung.

> **Beispiel**
>
> Eine Arbeitnehmerin mit einem Bruttogehalt von 4300 EUR monatlich schließt 2019 erstmals eine betriebliche Altersvorsorge (Entgeltumwandlung) ab. Sie verzichtet auf monatlich 200 EUR, die unmittelbar in eine Direktversicherung fließen.
>
> Ergebnis: Das steuer- und sozialversicherungspflichtige Einkommen reduziert sich um 200 EUR auf 4100 EUR. Da der Arbeitgeber seinen Anteil an den Sozialversicherungsbeiträgen einspart, zahlt er einen Zuschuss von monatlich 30 EUR in die Direktversicherung ein (15 % von 200 EUR). Die gesamte Sparleistung von 2760 EUR (230 EUR × 12) bleibt steuerfrei (Höchstbetrag 2019: 6432 EUR).

15.1 Hohe Einkommen profitieren, Geringverdiener aber auch

Zum 01.01.2019 wurden die Höchstgrenzen für die betriebliche Altersvorsorge verdoppelt. Statt bisher 4 % kann nun bis zu 8 % der Beitragsbemessungsgrenze vom Bruttogehalt für den Aufbau einer Betriebsrente aufgewendet werden. Im Jahr 2019 sind das 6432 EUR. Gerade für Top-Verdiener ist damit die Entgeltumwandlung noch interessanter geworden, wie die folgende Berechnung zeigt:

> **Beispiel**
>
> Cora ist 33 Jahre alt. Die promovierte Volkswirtin erzielt ein jährliches Bruttoeinkommen von 120.000 EUR. Sie ist gesetzlich krankenversichert und startet zum 01.01.2019 eine Direktversicherung mit Entgeltumwandlung. Es ist ihre erste BAV. Cora möchte den höchstmöglichen Betrag von 536 EUR monatlich umwandeln. Ihr Arbeitgeber beteiligt sich mit der Weitergabe seiner Sozialversicherungsersparnis von 40,20 EUR.
>
> Nachfolgend die modellhafte Darstellung von Coras Gehaltsabrechnung vor und nach der Entgeltumwandlung: Bei einer tatsächlichen Sparrate von 536 EUR liegt ihr eigener Aufwand bei 276 EUR. Das entspricht einer Förderquote von 54 %. Aus der Direktversicherung kann sie zu Rentenbeginn im Jahr 2053 mit einer lebenslangen Rente von anfänglich 1050 EUR rechnen (davon garantiert: 647 EUR, IndexSelect Plus, Renditeannahme 4 % vor Kosten). Mit der gleichen Rendite-Annahme könnte ein Kapital von 351.620 EUR zum Ende der Laufzeit abgerufen werden (Tarifrechner Allianz 2019).
>
> | | Ohne BAV | Mit BAV |
> | --- | --- | --- |
> | **Bruttoeinkommen (mtl.)** | 10.000,00 € | 10.000,00 € |
> | Entgeltumwandlungsbetrag | | 495,80 € |
> | Bemessungsgrundlage Einkommensteuer | 10.000,00 € | 9504,20 € |
> | Bemessungsgrundlage Renten-/Arbeitslosenvers | 6700,00 € | 6700,00 € |

	Ohne BAV	Mit BAV
Bemessungsgrundlage Kranken-/Pflegevers	4537,50 €	4535,70 €
Steuern	3225,39 €	3005,69 €
Davon Lohnsteuer	3057,25 €	2849,00 €
Davon Solidaritätszuschlag	168,14 €	156,69 €
Sozialversicherungsbeiträge	1139,04 €	1139,04 €
Davon Rentenversicherung	623,10 €	623,10 €
Davon Arbeitslosenversicherung	83,75 €	83,75 €
Davon Krankenversicherung (gesetzlich)	351,65 €	351,65 €
Davon Pflegeversicherung (gesetzlich)	80,54 €	80,54 €
Nettoeinkommen	5635,57 €	5359,47 €
Nettoaufwand		276,10 €
Sparrate in die Direktversicherung		536,00 €
Davon Entgeltumwandlung		495,80 €
Davon Arbeitgeberzuschuss		40,20 €

Um die Verbreitung der BAV auch bei weniger einkommensstarken Arbeitnehmer zu erhöhen, hat der Gesetzgeber zum 01.01.2018 eine wichtige Neuregelung getroffen, von der vor allem Frauen profitieren, denn sie bilden die Mehrheit bei den Geringverdienern. Betriebe, die ihren Arbeitnehmern mit einem monatlichen Bruttoarbeitslohn von max. 2200 EUR eine arbeitgeberfinanzierte BAV einrichten, können Steuern sparen. Gefördert werden Arbeitgeberbeiträge in eine Direktversicherung, Pensionskasse oder Pensionsfonds von mind. 240 EUR bis max. 480 EUR pro Kalenderjahr.

15.2 Sie sind Top-Managerin? Vorständin? Oder Gesellschafter-Geschäftsführerin?

Die Pensionszusage ist für Top-Manager oder Gesellschafter-Geschäftsführer die beste Vorsorgelösung, denn die Einzahlungen sind unbegrenzt steuerfrei. Auch hier ist eine Mischfinanzierung der Beiträge – Arbeitgeber und Arbeitnehmer – möglich, wobei es eher die Ausnahme ist. Nicht nur bei den großen Unternehmen ist es üblich und Bestandteil des Dienstvertrages, dass die Firma die kompletten Einzahlungen ihrer Führungskräfte und Leistungsträger übernimmt. *Was früher der Dienstwagen war, ist heute die Pensionszusage.*

Die Rückdeckung erfolgt in aller Regel über eine Rückdeckungsversicherung oder Investmentfonds. Ungeachtet dessen sind alle zugesagten Leistungen gesichert, denn die Pensionszusage ist über den Pensions-Sicherungs-Verein bei einer Insolvenz geschützt. Aber Achtung: Pensionszusagen von Gesellschafter-Geschäftsführer (GGF) müssen bestimmte Voraussetzungen erfüllen, sonst besteht die Gefahr, dass sie steuerlich nicht anerkannt werden. So darf mit der Pensionszusage weder eine Überversorgung erreicht werden noch darf eine verdeckte Gewinnausschüttung vorliegen. Hintergrund ist, dass Gesellschafter-Geschäftsführer aufgrund ihrer Position wesentlichen Einfluss auf die Ausgestaltung der eigenen Altersvorsorge haben. Allen Unternehmerinnen und Unternehmern rate ich zu einem engen Dialog mit dem Steuerberater und einem BAV- Spezialisten.

15.3 Sie sind Chefin und haben ein Team?

Kleinere Unternehmen, Arztpraxen oder Kanzleien tun sich häufig mit der Gewinnung neuer Talente schwer, zumal in vielen Branchen akuter Fachkräftemangel herrscht. Hier kann bei der Personal-Akquisition eine arbeitgeberfinanzierte BAV einen positiven Ausschlag geben – in jedem Fall ist sie eine Motivation für die Mitarbeiter. Jeder Betrieb, egal wie groß oder klein er ist, sollte deshalb eine so genannte Versorgungsordnung aufsetzen, in der alle Möglichkeiten der BAV aufgezeigt werden, wobei der Anspruch auf Entgeltumwandlung ohnehin ein Rechtsanspruch ist. Die meisten Arbeitgeber verpflichten sich zu einer betragsorientierte Leistungszusage.

Als Arbeitgeber sparen Sie oftmals Lohnnebenkosten und Unternehmenssteuern. Die drei versicherungsförmigen Modelle punkten mit einem sehr geringen Verwaltungsaufwand und es müssen keine Beiträge in den Pensions-Sicherungs-Verein gezahlt werden. Das ist bei der Pensionszusage und der Unterstützungskasse anders.

> **Tipp**
>
> Vereinbaren Sie mit der Versicherung Ihrer Wahl einen eigenen Gruppentarif für ihre Firma. Dann sind die Arbeitsabläufe standardisiert und Ihre Mitarbeiter profitieren von besseren Konditionen.

15.4 Und der Haken? Wo die betriebliche Altersvorsorge noch besser werden kann

Bei aller Begeisterung, die ich der Betriebsrente entgegenbringe, gibt es eine große Baustelle: die so genannte Doppelverbeitragung. Viele Betriebsrentner fühlen sich „über den Tisch gezogen", seit 2005 nachträglich in Kraft trat, dass sowohl laufende Renten als auch einmalige Kapitalabfindungen (mit 1/120stel des Auszahlungsbetrags) der Beitragspflicht in der Kranken- und Pflegeversicherung unterliegen. Alle fünf Durchführungswege sind betroffen. Ich gebe allerdings die Hoffnung nicht auf, dass sich das ändert, denn aus allen politischen Parteien mehren sich die Stimmen, diese Beitragslast abzuschaffen oder zumindest zu mildern.

Privat Krankenversicherte (PKV) betrifft die Doppelverbeitragung übrigens nicht, denn ihre Beiträge richten sich nach anderen Kriterien, wie dem Alter und dem Leistungsspektrum des gewählten PKV-Tarifs.

Dass die Entgeltumwandlung die gesetzliche Rente schrumpfen lässt, mag ich nicht als Tadel verstehen. Rechnerisch ist das zunächst zwar richtig, ist aber nicht vom Ende her gedacht. So reduziert sich zwar das rentenversicherungspflichtige Einkommen und damit die Beiträge in die Rentenkasse, doch füllt die BAV diese Lücke aus und übersteigt den Fehlbetrag deutlich.

Und dann sind da noch die Kritiker, deren die letzte Reform nicht weit genug gegangen ist, sie hätten sich zu einer stärkeren Verbreiterung das Opting-out-Modell gewünscht. Hierbei werden grundsätzlich ALLE Mitarbeiter zur BAV mehr oder weniger verpflichtet und wer das nicht möchte, muss aktiv widersprechen. „Wo Zwang herrscht, ist kein Vergnügen", wusste schon Émile Zola[1].

---

[1]Émile Zola (1840–1902) war ein französischer Schriftsteller, der sich auch als Journalist für soziale und künstlerische Ziele engagierte.

Die Ausgestaltung der betrieblichen Altersvorsorge im Überblick

Sicherheit: Sicherheit wird bei den fünf gängigen Durchführungswegen groß geschrieben. Die Rentenansprüche sind entweder über den Pensions-Sicherungs-Verein oder bei der Direktversicherung und der Pensionskasse über den Sicherungsfonds Protektor insolvenzgeschützt. Zudem gelten strenge Anlagevorschriften für die Versicherungen.

Unverfallbarkeit: Betriebsrenten aus der Entgeltumwandlung gehören immer dem Arbeitnehmer, sie können zu keinem Zeitpunkt verfallen. Bei arbeitgeberfinanzierten Betriebsrenten ist die Unverfallbarkeit erst erreicht, wenn der Beschäftigte mindestens 21 Jahre und die Versorgungszusage mindestens 3 Jahre bestanden hat. Für alte Zusagen vor dem 31.12.2017 gelten 25 Jahre und 5 Jahre.

Neuer Arbeitgeber: Bei einem Jobwechsel können die drei versicherungsnahen Altersvorsorgemodelle in aller Regel auf den neuen Arbeitgeber übertragen werden. Anwartschaften aus einer Pensionszusage und Unterstützungskasse eignen sich nicht für einen Wechsel, da neue Arbeitgeber nicht an die alte Zusage gebunden sind. In diesem Fall heißt es: beitragsfrei stellen und zu Rentenbeginn abrufen.

Elternzeit: Während der Elternzeit, in der die junge Mutter pausiert und kein Gehalt fließt, wird die Direktversicherung durch den Arbeitgeber beitragsfrei gestellt. Innerhalb von drei Monaten nach dem Ende der Elternzeit kann der Vertrag problemlos zu den alten Bedingungen fortgeführt werden. Besser als eine Beitragsfreistellung in der Elternzeit ist aber eine Fortführung aus eigener Tasche, um die Altersvorsorge nicht zu gefährden.

Wechsel in die Selbstständigkeit oder Sabbatical: Wer eine berufliche Auszeit einlegt oder ganz aus dem Job ausscheidet, kann seine Direktversicherung, Pensionskasse und -fonds mit eigenen Beiträgen fortführen. Das ist aus zwei Gründen zu empfehlen: Es entstehen keine Versorgungslücken und wenn es sich um einen schon länger laufenden Vertrag handelt, profitieren Sparer weiterhin von teilweise hohen Garantiezinsen.

Grundsicherung: Anwartschaften, also erworbene Ansprüche aus einer Betriebsrente, werden im Rahmen einer Hartz-IV-Prüfung nicht berücksichtigt, weil sie zum nicht verwertbaren Vermögen zählen. Im Alter sind Betriebsrenten bis maximal 212 EUR (Stand 2019) monatlich verschont, falls der Versicherte Grundsicherung bezieht.

Hinterbliebenenabsicherung: Bei allen fünf Durchführungswegen ist eine Absicherung für die Hinterbliebenen des Sparers möglich.

Sozialpartnermodell: Bei dieser neuen Variante vereinbaren die Tarifvertragsparteien (Arbeitgeber und Gewerkschaften) eine betriebliche Altersversorgung mit einer reinen Beitragszusage. Damit entfallen die Garantiekosten und das Geld kann mit der Aussicht auf mehr Ertrag angelegt werden. Arbeitgeber haften nicht mehr für die Höhe der Auszahlungen.

Pauschalversteuerte Altverträge (§ 40b EStG). Bei den mit 20 % pauschal versteuerten Alt-Verträgen aus Direktversicherungen und Pensionskassen (Abschluss bis 2004) greift ein lebenslanger Vertrauensschutz in Höhe von 1752 EUR. Dieser Betrag wird auf die steuerfreie Obergrenze von maximal 6432 EUR (8 % der für 2019 maßgebenden Beitragsbemessungsgrenze der Rentenversicherung von 80.400 EUR) angerechnet. Renten werden mit dem Ertragsanteil versteuert.

16

Gute Beratung macht sich bezahlt

Zusammenfassung Vermögensanlage und Altersvorsorge sind Vertrauenssache, vor allem wenn man selbst über wenig Leidenschaft und nur rudimentäres Wissen verfügt und deshalb auf eine gute Beratung angewiesen ist. Einfach nur einen Aktienfonds anpreisen, ist noch keine Beratung. Worauf muss man achten, um die schwarzen Schafe von den seriösen Anbietern zu unterscheiden?

Rückblickend gilt die Finanzkrise nach dem Zusammenbruch der amerikanischen Investmentbank Lehman Brothers vor rund 10 Jahren wohl als Initialzündung. Damals haben große Investmentbanken mit gefährlichen Produktkonstruktionen, unerlaubten Markteingriffen und Missmanagement viel Vertrauen bei den Anlegern verspielt. Einige Banken mussten mit Hilfe des Staates gerettet werden, was den Zorn vieler Bürger noch verstärkte. Unterdessen wurde der Druck auf die Berater vor Ort immer größer, den

Kunden teure Produkte aufzuschwatzen statt seriös im Interesse des Anlegers zu beraten. Es ist also kein Wunder, wenn das Misstrauen gegenüber Finanzinstituten und ihren Vertretern groß ist. Unfair wäre allerdings auch, jede Bank oder Berater über einen Kamm zu scheren und unter Generalverdacht zu stellen.

Der Gesetzgeber reagierte. Seitdem wird mehr Eigenkapital von den Finanzhäusern verlangt und es gelten neue Regeln für Finanzprodukte und die Beratung. Ohnehin benötigt jeder, der in Deutschland Bank- oder Finanzdienstleistungsgeschäfte betreiben will, eine schriftliche Erlaubnis der Bundesanstalt für Finanzdienstleistungsaufsicht (BaFin). Zulassungsvoraussetzungen sind unter anderem die fachliche und persönliche Eignung, wirksame Vorkehrungen für den Kundenschutz (z. B. Compliance) und eine ausreichende Vermögensschadenshaftpflichtversicherung. Vor dem Gespräch müssen Sie über den rechtlichen Status Ihres Beraters informiert werden. Ist er Makler und arbeitet unabhängig oder ist er Ausschließlichkeitsvertreter einer Versicherungsgesellschaft? Arbeitet er unter einem Haftungsdach, das über ein breites Angebotsspektrum verfügt oder ist er als Finanzanlagevermittler tätig?

Seit Anfang 2018 ist zudem die europäische *Richtlinie über Märkte für Finanzinstrumente,* kurz MiFID II (Markets in Financial Instruments Directive) in Kraft und hat die Finanzwelt noch transparenter, allerdings auch deutlich komplizierter und aufwändiger gemacht hat. Stichwort: Papierflut. Beratungsprotokolle in der Anlageberatung stellen sicher, dass die Anlageempfehlungen auch dem Gesprächsverlauf entsprechen und Vermögensverwaltungsverträge dokumentieren in allen Einzelheiten die zulässigen Anlagerichtlinien und Risikoparameter.

Die Versuchung ist groß, sich seine eigene Finanzplanung selbst zusammen zu stellen. Doch woher verlässliche Informationen holen? Bei der schlichten Google-Abfrage „Altersvorsorge für Frauen" erwarten Sie 4 Mio. Einträge. Damit wären Sie die nächsten Wochen gut beschäftigt, wissen aber hinterher vermutlich immer noch nicht, was das Richtige für Sie ist. Vielleicht landen Sie auch bei einem Finanzblogger oder -bloggerin, die auf smarte Weise die Geldwelt erklären und Anlagetipps geben. Einige von ihnen sind Studenten, andere betreiben den Blog nebenberuflich oder erlebten schon die eigene Privatinsolvenz. Fakt ist, dass jeder, der halbwegs technikbegeistert ist und sich im Social Media-Marketing auskennt, mit diesem online-Business selbstständig machen kann. Während unabhängige Finanzberater und -beraterinnen, Versicherungsvermittler und Bankberater nicht nur eine fundierte Ausbildung vorweisen, sondern ihr Wissen auch jährlich erneuern müssen, reicht den Finanzbloggern ein schneller Internetanschluss. Glauben Sie, dass das Grundlagen einer kompetenten Finanzberatung sind? Ach ja, und von Luft und Liebe leben diese Menschen auch nicht, denn nicht umsonst gibt es „praktische Links" zu konkreten Produktanbietern.

Bitte verstehen Sie mich nicht falsch: Internetportale und Finanzratgeber sind gute Quellen für Vorabinformationen und schaffen eine erste Wissensbasis. Eine individuelle Beratung und einen persönlichen Gedankenaustausch ersetzen sie aber nicht. Und der Rat der besten Freundin oder der Eltern? Diese gehen in den meisten Fällen nur von ihrer eigenen Lebenssituation aus oder besitzen oft nur ein Teilwissen. Vielleicht haben sie selbst gute oder schlechte Erfahrungen mit einem Produkt gemacht und raten jetzt davon ab oder preisen es an.

Sie haben die freie Wahl: Es gibt Rentenberater bei der Deutschen Rentenversicherung, unabhängige

Versicherungsmakler, Banken, Sparkassen, Verbraucherberatungen und professionelle Finanzberater und Vermögensverwalter. Die Unterschiede hinsichtlich Dienstleistungsangebot, Kompetenz, Einfühlungsvermögen, Kosten und praktischem Nutzwert sind groß. Mit einem modernen Internetauftritt (eine Selbstverständlichkeit!), spannenden Podcasts, hochwertigen Booklets und Flyern kann kein Vertrauen aufgebaut werden. Nur in einem persönlichen Gespräch werden Sie spüren, ob Sie an der richtigen Adresse sind: „Das Zucken einer Augenbraue, und sei es noch so unscheinbar, kann mehr ausdrücken als hundert Worte." (Charlie Chaplin).

> **Checkliste: Wie Sie zu einer guten Beratung kommen**
>
> *Qualifikation:* Neben einer fundierten Berufsausbildung oder einem wirtschaftsorientiertem Studium gewährleisten langjährige Berufserfahrung und laufende Weiterbildung Kompetenz und Knowhow. Ist Ihr Berater Mitglied in einem berufsständischen Verband? Hat er sich einem Ehrenkodex unterworfen, der zu einer seriösen Beratung und kundenorientierten Grundhaltung verpflichtet?
>
> *Verantwortung:* Geht ihr Berater auf Ihre Bedürfnisse, Ihre Wünsche und Möglichkeiten ein? Bleibt es bei einem einmaligen unverbindlichen Verbrauchergespräch oder wünschen Sie sich eine dauerhafte und verantwortungsbewusste Vermögensbetreuung?
>
> *Transparenz:* Der Gesetzgeber verlangt sowohl in der Altersvorsorgeberatung als auch in der Vermögensanlage umfängliche Kosten- und Produkttransparenz. Wie wird das gelebt? Wird Ihnen erklärt, wie Anlagestrategien funktionieren, worin Ihr Geld investiert ist, was sie kosten und wo Risiken lauern?
>
> *Sicherheit und Unabhängigkeit:* Ist Ihr Berater lokaler Einzelkämpfer oder Teil einer größeren Gruppe? Welche Sicherheitsvorkehrungen gibt es, wenn ein Börsencrash droht. Ist ihr Berater dann erreichbar? Wie vielfältig sind die Produktpalette und die Anlagemöglichkeiten, die Ihnen angeboten werden?

16 Gute Beratung macht sich bezahlt

Kosten: Honorar, Provision oder Vermittlungsgebühren? Gute Beratung, ein breites Leistungsspektrum und erstklassige Anlageprodukte – alles zum Nulltarif ist bekanntlich nicht möglich. Gerade deshalb ist es wichtig, dass Sie sich über das gewünschte Profil Ihres Beraters im Klaren sind.

Kommunikation: Drängt Ihr Berater zum Abschluss, oder lässt er Ihnen genügend Zeit, sich zwischen mehreren Vorschlägen zu entscheiden? Ist sichergestellt, dass Sie über die Ergebnisse laufend und zeitnah informiert werden? Gibt es jährliche Update-Gespräche? Für ein Gelingen Ihrer Anlagestrategie ist der regelmäßige Austausch ein wichtiger Erfolgsfaktor.

Literatur

Bankenverband in Zusammenarbeit mit der Gesellschaft für Konsumforschung (GfK): Online Banking in Deutschland. https://bankenverband.de/media/files/2018_06_19_Charts_OLB-final.pdf. Zugegriffen: 16. Aug. 2019

Bloomberg. https://www.bloomberg.com/europe. Zugegriffen: 2. Juli 2019

Bundesanstalt für Finanzdienstleistungsaufsicht. https://www.bafin.de/DE/Willkommen/willkommen_node.html. Zugegriffen: 2. Juli 2019

Bundesministerium für Arbeit und Soziales (2019) Klargestellt: Fakten zur Rente. https://www.bmas.de/DE/Presse/Meldungen/2019/fakten-zur-rente.html. Zugegriffen: 2. Juli 2019

Bundesverband der Deutschen Industrie e. V. (2018) Belastungsprobe durch Strafzölle. https://bdi.eu/artikel/news/belastungsprobe-durch-strafzoelle/. Zugegriffen: 2. Juli 2019

Bundesverband Investment und Asset Management e. V. Wertentwicklungsstatistiken für Publikumsfonds. https://www.bvi.de/statistik/wertentwicklung/. Zugegriffen: 2. Juli 2019

Deutsches Aktieninstitut (2016) Aktionärszahlen des Deutschen Aktieninstituts. https://www.dai.de/files/dai_usercontent/dokumente/studien/2017-02-14%20DAI%20Aktionaerszahlen%202016%20Web.pdf. Zugegriffen: 2. Juli 2019
Deutsche Bank (2019) Ausblick auf den deutschen Immobilienmarkt. https://www.dbresearch.de/. Zugegriffen: 2. Juli 2019
Deutsche Rentenversicherung. https://www.deutsche-rentenversicherung.de/Allgemein/de/Navigation/0_Home/home_node.html. Zugegriffen: 2. Juli 2019
Die deutschen Versicherer (2018) Frauen und Altersvorsorge. https://www.gdv.de/de/themen/news/frauen-und-altersvorsorge-32186. Zugegriffen: 2. Juli 2019
Forum nachhaltige Geldanlagen. Der nachhaltige Anlagemarkt in Deutschland, Österreich und der Schweiz. https://www.forum-ng.org/de/nachhaltige-geldanlagen/publikationen2.html. Zugegriffen: 2. Juli 2019
Gesamtverband der Deutschen Versicherungswirtschaft. www.gdv.de. Zugegriffen: 2. Juli 2019
Globalance Bank. https://www.globalance-bank.com/. Zugegriffen: 2. Juli 2019
Handelsblatt, Wirtschafts- und Finanzzeitung und Pflichtblatt der Frankfurter Wertpapierbörse. https://www.handelsblatt.com/
Prognos (2018) Frauen und Altersvorsorge. https://www.prognos.com/uploads/tx_atwpubdb/Endbericht_Frauen_und_Altersvorsorge_April_2018.pdf. Zugegriffen: 2. Juli 2019
Zukunftsinstitut. Megatrends. https://www.zukunftsinstitut.de/dossier/megatrends/. Zugegriffen: 2. Juli 2019

Weiterführende Informationen

In der Literatur

Bock P (2008) Nimm das Geld und freu dich dran. Kösel, München
Bomsdorf C (2018) So werden Sie reich wie Norwegen. Campus, Frankfurt a. M.

Hintze C (2011) Vermögensplanung und Altersvorsorge für Frauen. Kösel, München

Kuschel S, Hintze C (2007) Geld steht jeder Frau. Allenburg, Frankfurt a. M.

Sauren E (2015) Die Zinsfalle. FinanzBuch, München

Schwarzer J (2019) Damit sie sich keinen Millionär angeln muss. Börsenbuch, Kulmbach

von Hirschhausen E, Esch T (2018) Die bessere Hälfte. Rowohlt, Reinbek bei Hamburg

Wegelin N (2018) Bali statt Bochum. Nur als Ebook auf www.madamemoneypenny.de

Im Internet

Ausgewählte Fondsgesellschaften/Fondsboutique/aktive Asset Manager:
- Allianz Global Investor: https://de.allianzgi.com/de-de
- Flossbach von Storch: https://www.flossbachvonstorch.de/de
- Ökoworld: https://www.oekoworld.com/startseite/
- PEH Wertpapier AG: https://peh.de/
- Sauren: https://www.sauren.de/

Finanzforum und Informationsportal für Frauen: https://hermoney.de/

Finanzportal und online-Community von Investoren für Investoren: www.capinside.com

Internationales Frauennetzwerk ZONTA International: https://www.zonta.org/

ZONTA setzt sich dafür ein, die Lebenssituation von Frauen in rechtlicher, politischer, wirtschaftlicher, beruflicher und gesundheitlicher Hinsicht zu verbessern. Es gibt zahlreiche Clubs in Deutschland. Der ZONTA-Club von Constanze Hintze und Sabine Leutheusser-Schnarrenberger: http://zonta-fuenfseenland.de/

Online-Rechner für Ihre individuelle Finanzplanung: https://www.zinsen-berechnen.de/

GPSR Compliance
The European Union's (EU) General Product Safety Regulation (GPSR) is a set of rules that requires consumer products to be safe and our obligations to ensure this.

If you have any concerns about our products, you can contact us on

ProductSafety@springernature.com

In case Publisher is established outside the EU, the EU authorized representative is:

Springer Nature Customer Service Center GmbH
Europaplatz 3
69115 Heidelberg, Germany

www.ingramcontent.com/pod-product-compliance
Lightning Source LLC
LaVergne TN
LVHW020346260326
834688LV00045B/1552